# 슬기로운
# 부장생활

백홍근
지음


## 1

## 잘 알지도
## 못하면서

편견과 오류에 낚인
우리의 선택을 극복하기 위해
알아야 할 심리법칙

# 슬기로운 부장생활 1. 잘 알지도 못하면서

1판 1쇄 발행  2020년 5월 20일

지은이  백홍근
펴낸곳  공감의기쁨

전화  (02) 2063-8071
등록  2011년 7월 20일 제 313-2011-204호
주소  서울시 강서구 강서로 207 4층
e-mail  goodbook2011@naver.com

ISBN  979-11-86500-46-0 (03180)

# 경로를 이탈하였습니다
# 경로를 다시 탐색합니다


낯선 초행길도 내비게이션이 있으면 두렵지 않습니다. 길을 벗어날 때마다 목적지에 이르는 새로운 경로를 친절하게 다시 안내해 주니까요.

국내는 물론 유럽의 어느 골목길까지도 상세히 안내해 주는 내비게이션. 아무리 안내를 무시해도 짜증을 내거나 "자꾸 그럴 거면 네 맘대로 해!" 하며 더 이상의 안내를 거부하는 내비게이션은 아직 본 적이 없습니다.

인생에서도 길을 벗어날 때마다 "잠깐, 이 길이 맞는 거야? 다시 한 번 생각해 봐." 하고 말해줄 내비 같은 수호신이 늘 곁에 있으면 얼마나 좋을까요.

'길은 내가 만든다, 내가 가는 곳이 곧 길이다'라는 마음가짐으로 사는 것은 주말에 혼자 드라이빙을 즐길 때나 적절한 말입니다. 당신이 많은 사람을 태운 버스를 운전하고 있다면 얘기가 달라집니다. 조직의 목표를 달성하기 위해 늘 판단과 의사결정을 해야 하는 리더의 위치에 있다면 당신의 방향감각 상실과 난폭운전으로 목적지에 도달하기 전에 파국을 맞을 수 있습니다.

신입으로 시작한 30여 년의 직장생활을 통해 처음 두세 명의 팀원이 생기고, 예닐곱 명의 운명공동체를 맡은 팀장, 삼사십 명의 부장, 사오백 명의 본부장을 맡게 되면서 함께 할 직원의 숫자가 많아질수록 운전대를 잡은 저는 등에서 식은땀이 난 적이 한두 번이 아니었습니다.

승차한 직원이 많아질수록 그들 가운데는 이 길이 맞는 거냐며 운전사의 길눈을 의심의 눈초리로 바라보거나 서툰 운전 실력에 불평하는 사람의 수가 늘어나지요.

이 책은 한 조직의 승객으로 시작해 제법 큰 차의 운전자가 되기까지의 제 경험을 통해 현재 조직을 이끌고 있는 리더인 이 땅의 팀장이나 부장들에게 드리는 책입니다.

교차로를 맞닥뜨릴 때마다 옳은 길을 선택해 지름길로 안내하고자, 그리고 여러분의 차에 탑승한 팀원들이 운전자를 믿고 보람되고 편안한 여행을 할 수 있도록 도움을 드렸으면 하는 바람입니다.

나름 제법 '합리적인 동물'이라고 자처하는 인간은 합리적이라기보다는 합리화에 익숙한 동물이지요. 리더들도 종종 고정관념과 편향적 사고, 직관에 의존한 휴리스틱으로 판단과 의사결정의 함정에 빠지기 쉽습니다. 자신이 이런 함정에 빠져 있는지조차 잘 모릅니다. 그러나 남의, 특히 부하직원의 휴리스틱은 매의 눈으로 매우 잘 눈치 채는 뛰어난 능력을 갖고 있기도 합니다. 이는 리더뿐 아니라 우리 모두의 일상이기도 합니다.

피트니스클럽 지하주차장에서 1층까지 계단 대신 굳이 엘리베이터를 타고 올라가서는 한 시간 내내 러닝머신에 올라 일부러 땀을 내기도 하고, 그렇게 운동을 마치고 집에 도착해서는 집까지 걷기 힘들다며 가까운 소방차 전용구역에 차를 세우기도 합니다.

마치 소화제를 먹기 위해 과식을 하는 사람처럼 어리석기 그지없는 행동이지만, 평소 지극히 멀쩡하고 스마트한 사람들이 이런 행동을 합니다. 그뿐만이 아니지요. 우리의 사소한 잘못된 직관은 주변에서 다반사입니다.

[1] 기획서에 인용 자료와 첨부 자료가 방대한 것을 보니 이 기획안은 옳다.

[2] 보고서 폰트와 디자인 등이 예쁘면 내용도 좋을 것이라고 판단한다.

[3] 연설 내용이 어렵고 긴 것을 보니 그 내용은 믿을 만한 것이다.

[4] 발표자의 외모와 목소리가 준수할수록 발표의 내용도 믿음직하다.

[5] 청중이 박수를 친다면 그 강연 내용은 훌륭한 것이다.

[6] 최신형 스마트폰과 노트북으로 바꾼 것을 보니 그는 디지털 마인드가 높은 사람이다.

직장생활에서 종종 벌어지는 이러한 심리적 현상을 정리하다 보니 총 3권에 걸쳐 모두 70가지의 인지편향과 착각의 심리법칙을 다루게 됐습니다. 그 가운데 지금 보고 계신 1권에서는 주로 다음의 주제를 다루었습니다.

■ 리더가 의사결정 과정에서 흔히 저지르게 되는 오류로써 권위적인 리더십이 조직에 가져올 수 있는 폐해

■ 우리가 나름 논리적이라고 자신하는 판단이 사실은 충동적이거나 비합리적 근거에 기반한 것일 수 있는 오류

■ 판단의 근거가 되는 각종 데이터와 정보가 오용될 수 있는 위험과, 확률에 근거하지 않거나 확률을 잘못 해석하는 오류

제가 이 부분에 관심을 갖고 책까지 쓰게 된 계기는 인간의 편향Bias과 착각Illusion을 다룬 대니얼 카너먼의《생각에 관한 생각》Thinking Fast and Slow을 처음 접하고 나서입니다. 당시 마케팅 담당 팀장으로서 늘 빠른 판단과 다양한 의사결정을 해야 하는 위치에서 어떤 것은 빠르게 생각하고, 어

떤 문제는 느리게 생각해야 하는지, 직관적인 사고와 이성적 사고의 갈림길에서 고민할 때, 심리학자로서 노벨경제학상을 수상한 행동경제학의 구루인 대니얼 카너먼의 이 책은 제게 큰 가르침을 주었습니다.

이후 저는 성공적인 부장 역할을 수행하는 데 신속성을 요구하는 빠른 사고는 '편향'과 '착각'이라는 오류를 범할 가능성이 더욱 높다는 것과 우리는 우리가 편향과 착각을 가지고 있다는 사실조차 모르고 있을 때가 많다는 것을 깨달았습니다. 그래서 조직생활에서 우리가 범하기 쉬운 편향과 착각들을 시간 나는 대로 정리해야겠다고 생각했습니다.

개인뿐 아니라 집단도 이러한 오류에 빠질 수 있습니다만, 집단은 구성원에 의해 이러한 오류가 더 잘 발견될 수 있습니다. 이러한 오류를 거를 시스템을 설정해 놓으면 됩니다. 예를 들면, 집단사고를 예방하도록 '회의할 때는 모든 사람이 한마디씩 하기' 룰이라든가 '최고 상급자는 자기 의견을 먼저 말하지 않기' 등의 내부 법칙을 만드는 것입니다. 이런 것들이 현명한 리더가 할 수 있는 일입니다.

또한, 제가 담당한 상품 서비스 개발, 고객관계 관리, 브랜드 및 광고 등의 업무영역은 고객의 편향과 착각의 오류를 어떻게 마케팅에 적극적으로 활용할 수 있는가도 중요한 과제였습니다. 고객으로부터 더욱 선택받고 신뢰받는 브랜드가 되기 위해 유의할 점을 생각해 보는 것이지요.

이 책은 편향과 착각의 위험 속에서 많은 판단과 의사결정을 해야 하는 이 땅의 부장들이 읽어 보셨으면 합니다. 아울러 고객과 소비자를 이해하고 이들과의 관계를 심화시키기 위해 노력해야 하는 직장인들에게 도움이 됐으면 합니다.

그리고 마지막으로(늘 마지막이 중요합니다) 인간이 흔히 빠지기 쉬운 편향과 착각을 이해한다는 것은 상사로부터는 뛰어난 부하직원으로 실제보다 과대평가 받는 기회를 늘리고, 필요 이상으로 과소평가될 위험을 줄여줍니다.

아무쪼록 이 책이 이 땅의 모든 팀장과 부장이 바른 길로 목적지를 안내받는 데 도움이 됐으면 합니다. 아울러 미래의 팀장과 부장들에게도 그 자리에 이르기까지의 성공에 도움이 됐으면 합니다.

2020년 5월 백홍근 *Baik*

*Prologue*  경로를 이탈하였습니다. 경로를 다시 탐색합니다  *8*


**권위자편향** Authority Bias  *18*

밀그램의 충격(적인) 실험 / 모두가 "예스"를 외칠 때 "노"를 외치는
단 한 사람의 양심 / 우리는 권위로부터 자유로운가 / 권위마케팅 /
악마의 변호인 / 말이 많으면 빨갱이? / 자유에 동반하는 고독과 책임


**악의 평범성** Banality of Evil  *30*

슬프고 무서운 사실 / 생각하지 않고 사는 것도 범죄가 된다 / 아이히
만 · 회스보다 위험한 사람들 / 우리 사회의 악의 평범성 / 스탠퍼드
감옥실험 / 무엇이 선량한 사람을 악하게 만드는가 / 개인의 문제인
가 시스템의 문제인가 / 복잡한 시스템도 큰 영향력 / 썩은 사과가 아
니라 썩은 상자가 문제다 / 평범한 영웅 / 루시퍼이펙트에서 벗어나는
방법 / 상황의 중요성 / 모르고 저지르는 중범죄 / 행동하지 않는 양
심은 악의 편


**대비효과** Contrast Effect  *48*

배추 한 포기를 산 다음엔 콩나물은 비싸 보인다 / 음식점 메뉴판 맨 위
에 제일 비싼 코스요리가 있는 이유 / 극단회피성 또는 타협효과 / 의
사결정에서 유의할 대비효과의 함정 / 대안은 단 하나라는 착각 / 행
복은 자신을 남과 비교하지 않는 데 있다 / 비교의 함정 / 행복의 비결


**사회적 검증** Social Proof  *61*

솔로몬 애쉬의 '선분길이실험' / 동조현상의 원인 / 일반인을 모델로
하는 광고 전략 / 호텔에서 타올 재사용율을 높이는 법 / 곳곳에서 벌
어지는 동조현상 / 뭐 먹고 싶어? 나는 짜장면 / 침묵의 나선 이론 /
사회적 증거의 법칙에 낚인 것 / 마녀칙령 / 약자가 희생양 / 마녀사
냥 / 동물의 왕국인가 따듯한 인간사회인가

**계획오류** Planning Fallacy　*75*

계획보다 오래 걸리게 마련 / 오페라하우스가 늦게 완공된 이유 / 계획오류를 줄이는 법 / 치밀한 계획보다 긍정적 우연 / 근거 없는 자신감은 나쁘다 / 누구에게나 그럴듯한 계획은 있다. 한 대 얻어맞기 전까진

**주의력 착각** Illusion of Attention　*84*

보이지 않는 고릴라 / 우리 사회의 주의력 착각 / The Feature Positive Effect / 중요한 것은 눈에 보이지 않거든

**현재유지편향** Status-quo Bias　*91*

초깃값의 힘 / 고객의 현상유지편향 이용 / 부작위편향 / 바꾸어 얻는 이익과 바꾸어 잃는 손실 / 펀드매니저와 의사의 공통점 / 경마와 휴대전화 / 손부터 잡고 뽀뽀는 다음에 / 처음부터 친일파보다 변절한 애국자가 더 미워

**행동편향** Action Bias　*101*

골키퍼는 왜 몸부터 날리고 볼까 / 하지 않는 것으로도 역사를 바꿀 수 있다 / 마크 트웨인의 충고

**감정휴리스틱** Affect Heuristic　*106*

우리가 보는 '집' / 매력적인 감정을 유발하는 마케팅 전략들 / 코카콜라와 펩시콜라 / 정서적 꼬리표 달기 / 감정휴리스틱편향의 오류

**이야기편향** Story Bias　*112*

이야기에 끌리는 뇌 / 우리는 왜 이야기편향에 빠지는가? / 분석기사보다 이야깃거리 / 스토리마케팅 / 행동재무학에서 경계하는 이야기의 오류 / 누구는 천사로 누구는 악마로 / '자백'도 신이 내린 선물

**프레이밍효과** Framing Effect　*123*

200명을 구할 것인가, 400명을 죽게 할 것인가 / 트롤리딜레마 / 90%의 무지방 고기, 5%의 지방 함량 고기 / 정치에서의 프레이밍 / 코끼리를 머릿속에서 지워주는 원숭이 / 장미와 가시 / 일과 놀이 / 피할 수 없으면 즐겨라

**정박효과** Anchoring Effect　*134*

기준숫자 / 트럼프의 협상 기술 / 높은 닻에 현혹돼 분수를 넘지 말지어다

**집단사고** Groupthink　*139*

챌린저 폭발 / 집단사고의 환상 / 집단초병현상 / 애빌린패러독스 / 군중의 지혜 / 브레인스토밍의 맹점

**분석마비** Analysis Paralysis　*149*

최선은 선의 적 / 미스샷이 나오는 이유 / 돌다리가 무너질 때까지 두들기는 조직

**수다를 떠는 경향** Twaddle Tendency　*155*

아는 자는 말하지 않는다 / 짧게 던지는 한마디 / 수사학은 속임수인가 / 운전사의 지식 / 누구와 탈출할 것인가 / 위대한 리더의 조건 / 전략적 허위진술 / 금언은 짧다

**평균값의 오류** The Problem with Averages　*166*

평균에 낚이면 낭패를 본다 / 진짜 부자의 직업은 '무직'

**확증편향** Confirmation Bias　*170*

사람의 마음은 난자와 같다 / 마케팅트리아쥬 전략 / 과학선진국 미국에서 650만 명이 지구가 둥글다는 사실을 믿지 않는다 / 꼰대의 심리 / 찰스 다윈이 위대한 이유

**NIH증후군** Not Invented Here Syndrome  *179*

쇄국주의와 메이지유신 / 근거 없는 자만심 / 내집단편향, 외집단편향 / 외집단동질성편향 / 상호 접촉 정도 구성원간 차이 / 인식의 필요 정도 / 무중력 사고자 / 인종주의 편견과 차별 / 푸른 눈·갈색 눈 실험 / 편견은 생존기술

**매몰비용의 오류** Sunk Cost Fallacy  *192*

콩코드오류 / 재미없는 영화에 시간을 낭비하지 마라 / 버려야 번다

**정보편향** Information Bias  *197*

무시할 데이터를 고르는 법 / 너무 많은 정보는 혁신에 장애다 / '귀납법의 오류'에 빠진 칠면조 / 필터링 거친 편향된 정보 / 빅데이터, 대량살상무기가 될 수 있다 / 빅데이터의 역습 / 고객은 자신이 무엇을 원하는지 모른다

**단순노출효과** Mere Exposure Effect  *208*

에펠탑효과 / 자세히 보아야 예쁘다

**모호성의 회피** Ambiguity Aversion  *213*

모를 때 가장 무섭다

**제로리스크편향** Zero Risk Bias  *216*

깔끔하게 완벽하게 / 문과적 위험 / 기나라 사람들 / 완벽한 인간은 없다

*epilogue*  *222*

# 권위자편향

Authority Bias

권위에 대한 무조건적인 존경이
진리의 가장 큰 적이다.

_앨버트 아인슈타인

권위자로부터의 지시나 명령이 윤리와 도덕, 자신의 신념과 생각에
반하는데도 비판 없이 복종하는 현상.

# 밀그램의
# 충격(적인) 실험

나치의 600만 명에 이르는 유대인 학살은 어떻게 가능했을까? 유대인 체포에서 그들을 이송해 수용소에 수감하고, 최종적으로 가스실로 보내지기까지 이에 연루된 사람들은 모두 반사회적이거나 악마적 성격을 지닌 잔인하고 포악한 사람들이었을까?

예일대 심리학과 조교수였던 스탠리 밀그램Stanley Milgram은 나치의 대량학살을 가능하게 했던 원인이 개인의 속성보다는 상황이 있지 않을까 의문을 갖고 실험을 기획했다. 밀그램은 실험의 본래 목적을 숨기고 '징벌에 의한 학습효과'에 대한 실험이라고 가짜 연구 목적을 내세워 피실험자 40명을 모은 뒤 이들을 각각 선생과 학생 역할로 나누었다. 그러나 학생 역할을 맡은 피실험자는 사전에 밀그램에 의해 비밀리에 고용된 배우였다.

밀그램은 선생 역할을 맡은 피실험자에게는 학생에게 테스트할 문제를, 학생 역할의 배우에게는 암기할 단어를 제시했다. 그리고 선생 역할을 맡은 사람들에게 학생들을 테스트한 후 학생이 문제를 틀릴 때마다 15볼트부터 시작해 단계를 높여가며 450볼트에 이르는 전기 충격을 가하라고 지시했다. 밀그램이 주시했던 것은 선생들이 전압을 높여가는 과정에서 어떤 태도를 보이는가였다.

실험자는 흰 가운을 입고 전압을 올릴지 말지 고민하는 선생 역할의 사람들에게 "실험의 모든 책임은 내가 진다"며 "전압을 올리라"고 지시했다. 실험 결과는 예상과 달리 충격적이었다.

65퍼센트에 달하는 사람이 생명이 위험한 수준의 전기 충격을 가하라는 실험자의 명령에 순순히 응한 것이다. 선생 역할을 맡은 피실험자들은 성격이 포악했던 사람이 아니라 사랑하는 가족이 있고, 정원의 꽃을 가꾸는 그저 평범한 사람들이었다.

배우를 고용한 밀그램의 실험은 실험 이후에 피실험자들에게 심리적 외상을 줄 수 있는 위험에도 이를 미리 알리지 않았다는 이유로 윤리적으로 많은 비판을 받았고, 이로 인해 결국 대학에서 해임됐다.

그만큼 실험 결과는 그 실험에 참가한 사람만큼이나 충격적이었다고 하겠다. 실제로 실험에 참여한 사람 가운데는 권위에 무비판적으로 복종한 자신의 행동에 나중에 큰 죄책감으로 상처와 충격을 받은 사람도 있었다. 반면, 큰 깨달음을 얻은 사람도 있었다.

실험 참가 후 자신의 행동에 충격을 받고 권위에 따라 행동하지 않겠다는 다짐과 인생관을 바꾸고 동성애를 커밍아웃 하거나 양심적 반전주의자가 된 사람도 있었다.

## 모두가 "예스"를 외칠 때
## "노"를 외치는 단 한 사람의 양심

자신의 윤리·도덕규칙, 신념과 생각에 반하는 경우임에도 권위자로부터의 지시를 무비판적으로 수용하고, 명령에 복종하게 되는 현상인 권위의 법칙은 그 실험 과정에서 우리가 유념할 의미 있는 요소를 발견할 수 있었다.

첫째는 점진성이다. 실험을 시작하는 단계에서는 아주 미미한 전기충격을 가하라고 설명하고 조금씩 전압을 높여나가자 사람들은 큰 저항 없이 지시에 따랐다. 이후 조금씩 전압을 높여 사망에 이르는 수준까지 올리라는 명령에도 큰 거부감을 느끼지 않게 된 이유다.

극도의 사회악도 처음에는 아무렇지 않게 느껴지는 아주 작은 씨앗으로부터 자랄 수 있음을 보여준다고 하겠다. 이는 따뜻한 물에 들어간 개구리가 솥단지를 박차고 나오지 못하는 이유이기도 하다. 문제가 있음을 깨달았을 때는 이미 되돌릴 수 없게 되고 말기에 오히려 과거의 잘못을 합리화하며 인지적 부조화에서 벗어나려고 하는 모습을 보이게 된다.

둘째로는 권위적인 인물의 영향력을 깨뜨리는 데는 오직 몇 사람의 반대가 있어도 충분히 가능했다는 사실이다. 사전에 정해진 실험 보조원 역할의 사람이 비윤리적인 실험을 거부하고 자리를 떠나자 피실험자의 90퍼센트가 이에 동조하고 자리를 떠났다.

실험 중에 권위의 상징인 흰 가운을 입은 사람들이 150볼트의 선압을 가하기 앞서 "이제 위험하니 실험을 그만 중지하자", "괜찮아, 실험은 계속돼야 해" 하며 서로 대화를 나누자 이들의 대화를 옆에서 들은 피실험자는 100퍼센트 실험을 멈추었다.

아주 작은 성찰력을 제공하는 질문에도 피실험자들은 정상적인 양심이 발동해 권위에의 무비판적 복종을 멈추게 됐다. 모두가 "예스Yes"를 외칠 때 "노No"를 외치는 단 한 사람의 양심적인 사람이 있는 경우, 과연 이 일이 옳은 일일까 하며 스스로 묻고 정상적인 판단력을 회복할 수 있다는 사실을 보여준다.

### 우리는 권위로부터
### 자유로운가

밀그램의 실험에서 피실험자들이 흰 가운의 박사들의 권위에 복종했듯이 현대를 사는 우리도 그들과 달리 권위로부터 자유로운가 질문을 던져본다면 대답은 어떨까?

우리가 쉽게 따르게 되는 권위의 상징물로는 그럴듯한 명함, 즉 그 사람의 직업이나 직위, 학위, 그리고 고가의 명품 옷이나 가방, 검정색 수입 세단, 군인·검찰·경찰 계급장과 신분증이 있다.

사기꾼들이 멋진 수입차를 타고 명품 시계에 멋진 슈트를 입는 것도 같은 맥락에서 이해될 수 있다. 검찰이나 금융감독원을 사칭하는 보이스피싱 범죄에 쉽게 당하는 것도 선량한 사람들이 '권위의 법칙'에 쉽게 속기 때문이다.

### 권위
### 마케팅

권위의 법칙은 마케팅에서도 종종 활용된다. TV광고 모델로 박사나 해당 분야의 전문가를 모델로 내세우는 경우 소비자들은 그들이 단순히 광고모델로서 광고주가 원하는

스크립트에 따라 주어진 역할을 할 뿐이라는 사실을 잊는다. 건강식품이나 의료기구의 판매원의 복장을 의사 같은 흰 가운으로 하는 것도 '권위의 효과'를 누리고자 함이다.

금융사에서 VIP를 상대하는 프라이빗뱅커들이 명함에 있는 자격증을 강조하거나 명품 넥타이나 필기구 같은 소품에도 신경을 쓰는 이유 역시 그러하다. 기업이 해외 인증 기관으로부터 받았다는 각종 인증서나 언론사 등이 주최하는 각종 조사 결과와 수상 실적을 광고하는 것도 권위의 법칙에 기댄 마케팅이다.

우리는 알게 모르게 그들이 권위자라는 생각을 하게 되고 그들이 하는 이야기는 권위가 있기 때문에 거짓이나 과장이 있으리라고 생각하지 않는다. 그래서 효과가 검증되지 않은 식품이나 약품을 사고, 잘 알지도 못하는 금융상품에 퇴직금을 맡기게 된다.

　권위적 문화가 만연한 조직은 사고의 위험성에 늘 노출돼
있다. 항공기사고의 많은 경우가 기장의 실수로 잘못 내린
지시나 명령을 부기장이 거부, 조언, 충고 등을 할 수 없는
분위기에서 발생한다.

　기업에서도 중대한 의사결정을 하는 데 '권위의 법칙'이
적용되는 경우 크나큰 재해가 될 수 있다. 상사에게 부하직
원이 상사의 의견에 반하는 이견을 제시할 때 느끼는 심리
적 저항감이 어느 정도인가에 따라 기업의 준법·윤리·컴
플라이언스 측면에서 또한 혁신이나 창의적 기업문화 측면
에서 큰 차이를 보일 것이다. 자유롭게 의견을 제시할 수 있
는 기업문화, 조직문화 조성이 필수인 이유다.

　권위로 인한 의사결정의 오류를 시스템적으로 예방할 수
있을까? 중요한 의사결정을 논의하는 과정에서 '악마의 변
호인Devil's Advocate'을 운영하는 것도 하나의 대안이 될 수 있
다. 악마의 변호인은 가톨릭교회에서 성인으로 인정하는
시성을 심의할 때 후보의 결점을 일부러 지적하도록 역할
을 맡은 사람을 말한다.

　1983년 교황 요한 바오로 2세의 의해 폐지돼 지금은 더

이상 운영되고 있지 않다. '악마의 변호인'으로 지정된 사람은 일부러 반대의견을 제시하는 것인 만큼 효과는 다소 떨어지지만 만장일치 분위기를 제거하는 데 효과적이고 권위에 대한 맹종이나 사회적 검증, 동조현상, 집단사고를 깨는 데 어느 정도의 역할이 가능하다.

　최근 스타트업 기업을 중심으로 직함을 없애거나 영어 이름으로 상대방을 부르고, 직급에 상관없이 상호 경어를 사용하는 기업이 늘어나는 것도 권위의 법칙을 탈피하려는 노력의 일환으로 볼 수 있다.


## 말이 많으면 빨갱이?

　사람들이 삶을 대하는 방식에는 현행 제도를 받아들이고 그 제도의 틀 속에서 어떻게 잘 해나갈 것인가 고민하는 유형과 현행 제도를 당연한 것으로 받아들이지 않고 제도 자체를 새로운 시각에서 재설계 하고자 하는 유형이 있다.

　대한민국에서 태어난 우리는 어려서부터 전자의 삶을 바람직한 삶으로 교육 받아 왔다. 전자의 삶을 역경과 난관 속에서도 긍정적인 시각으로 세상을 보며 국민 총화와 조직의 인화단결을 추구하는 바람직한 삶으로 평가하는 반면에 후자를 흔히 우리는 체제 부적응자, 불평불만세력으로 낙인찍는 경우가 많았다.

"말 많으면 빨갱이"라는 말을 할 정도로 우리는 주어진 환경에 대해 순응하고 윗사람의 지시에 성실히 따르는 것을 미덕이나 생존의 조건으로 여겼으며, 이견을 제시해 '대동단결', '원팀', '원스피릿'을 저해하는 소수는 조직에서 암적인 존재로 치부되기 쉬웠다.

당신이 부장이라면 "이거 사장님 지시인데…"로 시작하는 임원의 지시에 토를 달거나 문제를 제기하기가 쉽지 않을 것이다. 회사형 인간이라면 설사 자신의 양심에 반하는 옳지 않은 지시라 하더라도 거북한 일을 나에게 주는 것은 그만큼 나를 신뢰한다는 표시로 생각하며 조직의 기대를 저버릴 수 없다는 생각마저 들 것이다. 그 지시가 별것 아닌 작은 일인데도 말이다.

그러나 밀그램의 실험을 기억하자. 사소하게 시작된 잘못된 지시에 점차 무감각해지면서 나중에는 누군가에게 450볼트까지 전압을 올리는 행동에까지 서서히 길들여질 수 있음을.

## 자유에 동반하는
## 고독과 책임

에리히 프롬은 《자유로부터의 도피》에서 이렇게 말했다. "희생과 피로 얻어진 자유에는 감내하기 힘든 고독과 통렬한 책임이 따르는데, 이러한 고독과 책임의 무게를 감당하기 어려운 사람들은 자유를 내던지고 나치의 전체주의를 택한다."

"파시즘의 기반이 된 이들 즉, 자유를 내던지는 사람의 특징은 권위를 따르기를 좋아한다. 권위를 갖고 싶어 하고, 다른 사람들을 권위로 복종시키고자 하는 사람들이다."

힘 있는 자에게는 하염없이 비굴하고 힘없는 사람에게는 잔인한 것이 이들의 특성이라 할 수 있다. 에리히 프롬은 자신 그대로의 모습으로 살아가는 데 스스로 생각하고, 스스로 느끼고, 용기 있게 말하는 것이 중요하다고 했다. 그러나 직장생활을 하는 데 부장급의 간부사원이 자기의 양심과 소신을 지키며 용기 있게 살기는 쉽지 않을 수 있다.

그렇다면 적어도 오늘날 벌어지는 사회의 각종 비리와 부정에 나와는 관계없다며 남을 비난하지는 말자. 아울러 상사에게는 한없이 비굴하고, 부하직원에게는 한없이 권위적인 부장이 돼가고 있는 것은 아닌지 스스로 돌아볼 일이다. 그것을 남들에게, 특히 부하직원에게 물어보는 것은 의미 없다.

# 악의 평범성

Banality of Evil

남들이 하니까 괜찮은 것은 아니다.
남이 안 해도 하고,
남들이 해도 하지 않는 것이
품위이며 용기라고 나는 배웠다.

_소노 아야코

독일 정치철학자 한나 아렌트가 1963년 쓴 《예루살렘의 아이히만》
에서 주장한 이론이다. 나치의 홀로코스트 같은 역사 속 잔악무도한
악행은 광신자나 반사회성 인격장애자들이 아니라 국가에 순응하며
성실하게 살아가는 평범한 사람들에 의해 행해진다고 주장하고, 이
를 '악의 평범성'Banality of Evil이라고 칭했다.

600만을 죽음으로 이끈 나치의 친위대장 아돌프 아이히만이 전후 아르헨티나에서 숨어 지내다 이스라엘 모사드에게 체포돼 재판에 회부됐다.

재판 과정을 지켜보던 유대인 정치철학자 한나 아렌트는 학살 책임자 아이히만이 유대인에 적개심이 투철한 인종주의자가 아니라 주어진 역할을 성실히 수행하는 평범한 직장인으로 집에 가면 가족에게 다정한 가장이었다는 사실에 충격을 받았다. 아렌트는 악이란 시스템을 무비판적으로 받아들이는 것이며, 평범한 인간이 가장 악한 인간이 될 수 있다고 보았다.

"잔혹한 범죄자도 성실하고 평범한 사람일 수 있고, 반대로 평범한 사람도 악의 선봉에 설 수 있다"는 악의 평범성은 오늘날 우리 사회에도 만연해 있다. 끔찍한 악행을 범하기 위해 굳이 악마나 괴물이 될 필요가 없다.

문제의식 없이 평범하게 일상에 물든 성실한 사람들 때문에 화재에 무방비인 건물이 들어서기도 하고, 소중한 생명들이 탄 배를 가라앉히기도 하고, 유해한 식품이 시장에 나오기도 한다. 열심히 사는 평범한 사람들이 인식하지 못하는 악행을 범할 수 있다는 사실은 슬프고 무섭기까지 하다.


## 생각하지 않고 사는 것도
## 범죄가 된다


아이히만의 재판을 지켜본 아렌트는 홀로코스트를 집행한 악마가 아닌 전율스럽게도 평범하고 정상적인 아이히만에게서 세 가지 무능을 발견했는데, 말의 무능과 생각의 무능, 그리고 타인의 입장에서 생각하는 무능성이다.

'악의 평범성'은 생각과 말을 허용하지 않는 일상적인 '무사유'에서 비롯된다. 자기가 '무엇을 하고 있는지' 일의 의미를 생각하지 못하는 무사유가 아이히만으로 하여금 유대인 대량학살을 충실하게 처리한 근본적인 동력으로 보았던 것이다.

현대사나 최근 뉴스를 봐도 고객 입장에서 생각하지 않고 회사 방침이나 조직에 성실하고 충실했던 직장인이, 국민을 생각하지 않고 성실하고 충실하기만 한 공무원과 군인이 성실함과 충실함 때문에 사회에 큰 해악을 끼치는 경우를 종종 목도한다.

## 아이히만·회스보다
## 위험한 사람들

유대인 학살이 일반 독일인은 전혀 모르는 상태에서 진행됐을까? 대량학살은 히틀러나 무솔리니 한 사람의 책임인가? 유대인 학살 과정에서 이에 협조한 같은 유대인들은 어떻게 설명할 것인가? 독일 국민들이 이러한 학살 사실을 몰랐다고 변명한다 해도 그것은 알고 싶지 않았기 때문에 알지 못한 것이다. 더 정확히 말하면 모른 척 하고 싶었기 때문에 알지 못했다. 공포정치 하에서 지항하기란 어렵다지만 독일인은 저항하지 않았다. 자신의 무지를 방어수단으로 자신은 공범자가 아니라고 생각한 것이다.

비인간적인 명령을 부지런히 따른 사람들은 타고난 고문기술자나 괴물이 아니라 평범한 인간이었다는 사실을 기억해야 한다. 괴물들은 숫자가 적어 차라리 위협이 되지 못한다. 홀로코스트 총책임자 아이히만이나 아우슈비츠수용소 소장 회스보다 위험한 사람들은 아무 의문 없이 믿고 복종할 준비가 돼 있는 독일 국민들, 유대인의 체포 이송 과정에서 협조했던 같은 유대인들, 그리고 침묵했던 다수다.

## 우리 사회의
## 악의 평범성

'무사유'와 '악의 평범성'은 현대를 사는 우리에게 어떤 메시지를 던지는가? 생존경쟁을 최고의 가치로 만들어내는 현대사회에서 미디어 기술이 우리를 더 일차원적으로, 심지어 전체주의적으로 만들고 있다.

미디어는 우리를 더욱 평범하게 획일적으로 생각 없게 만든다. 여기서 벗어나지 못하면 우리 역시 '무사유'에 빠지게 되고 '무사유'는 우리를 '악의 평범성'으로 인도할 것이다. 깊은 사유보다는 가벼운 잡담과 농담이 우리 일상의 대부분을 지배한다. 환경문제나 소외계층 문제는 몰라도 되지만 〈미스터 트롯〉과 〈복면가왕〉을 모르면 대화에서 낙오되는 시대를 사는 우리다.

평범한 한 인간이 환경과 상황에 따라 어떻게 악인으로 변해가고, 그에게 굴종하게 되는지를 보여준 필립 스탠포드 짐바르도 교수의 스탠퍼드감옥실험SPE, Stanford Prison Experiment에서 '루시퍼 이펙트'Lucifer Effect가 탄생했다. '빛을 내는 자', '새벽별'이라는 뜻으로, 천상에 있을 때는 신에게 가장 사랑받던 존재였지만 오만으로 신의 분노를 사 하늘에서 추방당해 악마와 사탄이 되고 만 루시퍼Lucifer에 기원

한 '루시퍼 이펙트'는 선량한 사람을 악하게 만드는 '악마 효과'다.

**스탠퍼드
감옥실험**

1971년 8월, 38세의 젊은 심리학자 필립 짐바르도Philip Zimbardo는 '반사회적 행동 연구'를 위해 모의교도소실험을 계획한다. 실험에 자원한 평범한 학생들을 무작위로 수감자와 교도관의 역할로 나눈 다음, 이들이 교도소의 낯선 환경과 새로운 역할에 적응하면서 어떤 심리 변화를 겪는가를 살펴보자는 취지였다.

그러나 실험은 예상치 못한 방향으로 흘러갔다. 교도소 경험이 전혀 없었음에도 실험에 참가한 평범하고 선량한 학생들은 첫날부터 마치 진짜 수감자와 교도관처럼 행동하기 시작했던 것이었다.

특히, 교도관 역할의 학생들은 누가 시키지도 않았는데 수감자들을 가학적으로 대했고, 그 방법도 악랄했다. 점호시간마다 새로운 방법을 도입해 서툰 수감자들에게 벌을 주고, 조금이라도 반항의 기미를 보이면 독방에 감금하고, 심지어 성적인 수치심을 갖게 하는 가학적 행위까지 서슴지 않았다. 수감자 역할의 학생들 역시 교도관의 학대에 신경쇠약 증세를 보이고 탈주 계획을 모의하는 등 진짜 수감자와 다름없는 모습을 보였다. 시간이 지날수록 교도관의 가학행위가 극에 달하고, 수감자들의 정신쇠약 증세가 심해지자 2주를 계획했던 실험은 6일 만에 중단됐다.

## 무엇이
## 선량한 사람을
## 악하게 만드는가

짐바르도의 실험 결과도 가학적 성격이 아닌 선량한 사람들도 상황이 바뀌면서 쉽게 가학적 행태를 보일 수 있음을 보여주었다. 비가학적 성격의 사람들로 하여금 죄수들을 통제하는 임무를 맡겼더니 이들도 잔인성, 모욕, 비인간화의 행태를 보이며 통제하기 시작했고, 그 정도는 급속도로 상승했다는 것이다. 이 실험은 세계 각국에 TV로 방영되고 영화로도 만들어질 정도의 유명한 실험이 됐으며 이후 실험의 윤리성의 수준을 두고 심리학계에 큰 반향을 일으켰다.

2007년 짐바르도는 과거 그가 실행했던 스탠퍼드대 감옥 실험 내용과 미군의 이라크 바그다드 아부그라이브 형무소에서의 고문 사건을 담은 《루시퍼 이펙트: 무엇이 선량한 사람을 악하게 만드는가》The Lucifer Effect: Understanding How Good People Turn Evil를 출간했다.

스탠포드감옥실험은 인간사회의 악이 소수의 썩은 사과가 일으키는 문제인가, 아니면 썩은 사과를 만드는 사과상자의 문제인가에 대한 논란을 불러 일으켰다.


## 개인의 문제인가
## 시스템의 문제인가


중세 유럽에서 국가와 교회가 앞장서 힘없는 여성들을 상대로 저지른 마녀재판, 1968년 미군의 베트남의 밀라이에서의 민간인 대학살, 나치 강제수용소 600만 유대인 학살과 300만 소련군 포로 학살, 스탈린의 2,000만 숙청, 마오쩌둥의 3,000만을 죽음으로 이끈 혁명, 일본군의 난징대학살, 크메르 루즈의 170만 자국민 학살. 아프리카 르완다 후투족이 자행한 3개월간 100만에 이르는 투치족 학살…

이 원인을 범죄를 저지른 인간 개인의 성격이나 유전적

특질에서 찾을 것인가, 그들을 둘러싼 시스템과 상황에서
찾을 것인가.


## 복잡한 시스템도
## 큰 영향력

스탠퍼드교도소실험은 30여 년이 지나 이라크라는 전혀
낯선 장소에서 유사한 모습으로 재연됐다. 2004년 이라크
의 아부그라이브 포로수용소에서 미군에 의해 끔찍한 포로
학대사건이 발생한 것이다.

아부그라이브에서 촬영된 이라크군 포로를 학대하는 사
진들은 전 세계를 경악케 했다. 짐바르도는 미군의 가혹행
위를 한 명의 썩은 사과 가혹행위를 한 병사를 의미가 아니라 사과
를 담은 상자 환경과 시스템에 대한 의미에 문제가 있었다고 주장
했다.

가혹행위를 담은 사진이 공개된 뒤, 미국 정부와 군 당국
은 이러한 포로 학대 행위가 소수의 나쁜 병사 썩은 사과들에
의해 이루어진 일이라고 주장했지만, 짐바르도는 그 감옥
의 특수한 상황이 선량한 병사들조차 그 같은 나쁜 짓을 저
지르도록 만들었는지, 무엇이 이 젊은이들의 성격을 그토

록 짧은 시간에 변화시켰는지에 주목했다.

한때 선량하고 신앙심 깊었던 소시민이 죄의식 없이 포로를 학대하는 잔학한 병사로 돌변하게 된 데는 위험에 노출된 교도소 위치, 지도력 없는 상급자, 열악한 근무환경이라는 상황과 함께 학대문화를 만들어내고 지속시키도록 작용한 복잡한 시스템도 큰 영향을 미쳤다는 것이다.

## 썩은 사과가 아니라 썩은 상자가 문제다

스탠퍼드교도소실험의 요점은 '나는 절대로 잘못을 저지르지 않을 것이며 나쁜 시스템과 상황에 대항할 수 있을 것'이라는 개인적 믿음은 그들이 환경과 시스템 속에서 힘을 발휘하지 못한다는 것이다.

인성 검사에서 평균적인 성향을 보였던 모든 수감자와 교도관들은 모의교도소라는 낯선 환경에서 평소와 전혀 다르게 행동했다. 이러한 실험 결과를 통해 짐바르도는 문제 있는 개개인, 즉 '썩은 사과'가 문제를 일으키는 것이 아니라 잘못된 상황, 즉 '썩은 상자'의 강력한 영향으로 인해 성격 변환을 일으킨다고 주장한다.

그 상자에는 역할과 규칙, 익명성, 비인간화, 집단 정체성 등이 복합적으로 작용하고, 그 밖에도 집단 동조, 권위에의 복종, 탈개인화, 비인간화, 익명성같이 상황의 영향을 받는 다양한 심리적 동인이 어우러져 있다고 보았다.

## 평범한 영웅

그렇다고 인간이 상황과 시스템에 조종당하는 꼭두각시에 불과한 것은 아니다. 짐바르도는 자신의 주장이 죄를 저지른 개인에게 상황 때문에 '어쩔 수 없어서'라는 면죄부를 주려는 것이 결코 아님을 강조한다. 선과 악이라는 인간의 본성이 기질적이거나 상황적이라는 이분법적 시각을 지양하고, 개인과 상황의 역동적인 상호관계를 간과하지 않는 것, 그래서 언제든 악의 나락으로 떨어질 수 있는 '루시퍼 이펙트'를 경계해야 함을 역설하는 것이다.

짐바르도는 부당한 관례나 상황에 적극적으로 이의를 제기하거나 불복하지 않는 것, 내부고발의 필요성이 있을 때 침묵하고 행동하지 않는 방관자 또한 일종의 악이라고 보고 이를 '행동하지 않는 악'으로 규정한다.

짐바르도는 평범한 사람들도 다른 이에게 잔인하고 비열하게 행동할 수 있다는 아렌트의 '악의 평범성'과 대조를 이루는 '영웅적 행위의 평범성'을 주장한다. 잘못된 상황과 시스템에 대다수가 복종하고 순응할 때, 즉 악의 유혹에 굴복할 때 그에 저항하는 소수가 존재한다. 짐바르도는 이들을 '평범한 영웅'이라 칭한다. 악한 행동을 저지르는 사람의 기질이 정해져 있지 않듯이 비도덕적인 상황을 인지하고 그에 맞서는 양심적 행위를 행하는 사람 역시 이타주의적 유전자를 타고나야 하는 것이 아니라는 뜻이다.

## 루시퍼 이펙트에서 벗어나는 방법

동료들의 위협을 감수하면서 아부그라이브교도소의 포로 학대 사진을 외부에 공개한 조 다비, 스탠퍼드교도소실험 당시 실험의 위험성을 깨닫고 실험 중지를 요구한 크리스티나 매슬랙, 그리고 2차세계대전 당시 대학살의 위기에서 유대인들을 구출한 여러 유럽인 이웃들이 맹목적 복종을 거부하고 영웅적 행위를 수행한 '평범한 영웅'들이다. 이 '평범한 영웅'은 우리 모두가 영웅이 될 잠재력이 있으며, 언젠가 우리에게도 그 기회가 올 수 있음을 말해준다.

악의 평범성에 빠지지 않고 인간의 존엄성을 유지하기 위해 우리는 어떤 노력을 기울여야 하는가, 상황과 시스템의 강력한 힘에 저항하고 인간의 존엄성을 유지할 방법은 무엇일까?

'루시퍼 이펙트'에서 벗어나는 방법을 짐바르도는 다음과 같이 제시한다.

■ 자신의 잘못을 인정하고 실수를 통해 교훈을 얻고 성장 할 것이라고 자신을 다독여라. 그러면 자신의 잘못을 정당화, 합리화하려 애쓰지 않아도 된다.

■ 권위와 과거의 관습에 주의력을 가지고 비판적인 사고를 하는 연습을 하라. TV광고, 편견에 치우친 진영논리의 정치적 주장에 무비판적으로 수용하지 말라.

■ '책임은 나에게 있다'는 생각을 가져라. 그저 버스에 함께 탓을 뿐이라는 생각을 버리고 핸들을 내가 잡고 있다고 생각하라.

■ 자신의 개성을 주장하라. 조직의 하나의 부속품을 거부하고 당당히 이름을 걸고 익명성에서 벗어나라.

■ 존경을 받기에 충분한 정당한 권위는 존중하되, 복종만 요구하는 부당한 권위에는 반항하라.

■ 집단에 속하되 독립성을 소중하게 여겨라.

■특정 프레임에 갇힌 희생자가 되지 않도록 주의하라.

■부당한 시스템에 반대할 용기를 가져라.

권위의 법칙을 증명한 밀그램과 루시퍼 이펙트의 짐바르도의 이론들을 가리켜 '상황주의'situationism라고 한다. 사람의 특성이 아니라 상황이 중요하고, 영혼보다는 맥락이 중요하다는 것이다. '악의 상황 이론'situational theory of evil이라고도 하는데, 그 반대는 '악의 기질 이론'dispositional theory of evil이다. 덕을 강조하는 윤리학자들은 인성교육의 중요성을 강조하지만, 상황주의는 인성교육만으로는 인간으로부터 자행되는 악을 막을 수 없다고 생각한다.

## 상황의 중요성

짐바르도는 길가에 서로 다른 차를 방치해 놓는다. 한 차는 트렁크를 열어 놓은 채로 세워놓고 다른 한 차는 유리창을 깨놓은 채로 두었다. 시간이 지난 후 가보니 트렁크를 열어놓은 차는 멀쩡하게 남아 있는 반면, 유리창을 깨 놓은 차는 거의 모든 부품을 떼어가 버리고 완전히 부서져 있었다.

전자의 차는 사람들로 하여금 '누군가가 트렁크를 닫는 것을 잊었네, 곧 차주가 오겠지' 생각하게 만든 것이었고, 유리창이 깨진 채 서 있던 차는 '누군가 창을 깨고 무엇인가를 훔쳐 갔네. 나도 좀 훔쳐간들 어때?' 하는 심리와 누군가 자신을 비난하더라도 '왜 나만 가지고 그래?' 하는 심리가 작용하는 것이다. 이른바 '깨진 유리창 법칙'이 적용되는 것이다. 깨진 유리창을 보수하는 것으로 범죄를 유발하는 상황을 사전에 제어할 수 있다.

범죄나 부도덕한 행동에 대해 스스로 합리화하는 인간의 성향을 보여주는 재미있는 실험이 있다.

댄 애리얼리 교수는 MIT공대 기숙사 곳곳에 1달러짜리 콜라 6개와 1달러짜리 지폐 6장을 함께 놓아두고 어찌되는지 살폈다. 물건에 손을 대는 사람이 합리적인 인간이라면 1달러짜리의 콜라나 1달러 지폐가 같은 속도로 없어지거나 적어도 1달러짜리 지폐가 더 빨리 없어져야 한다. 콜라를 싫어하는 사람은 1달러로 다른 것을 교환할 수도 있고 콜라보다는 지폐가 흔적 없이 훔쳐가기에 더 쉽기 때문이다.

그러나 72시간 경과 후 살펴보니 콜라는 거의 사라진 반면, 1달러짜리 지폐는 거의 그대로였다. 비록 1달러지만 현금에 손을 대는 것은 범죄이지만 1달러에 상응하는 콜라

를 한 병 주인 몰래 먹는 것은 도덕적으로 용납된다고 생
각한 것이다.

## 모르고
## 저지르는
## 중범죄

학교에서 아이가 같은 반 친구의 연필을 훔쳤다고 선생님
이 부모를 호출했다. 선생님으로부터 아이의 잘못을 설명
들은 아버지가 집으로 오는 길에 아이를 야단쳤다.

"남의 연필을 훔치면 어떡해? 연필이 필요하면 아빠한테
말하면 되잖아, 아빠 회사 비품창고에 연필이 얼마나 많은
데…"

단돈 100원이라도 고객의 돈을 가로채는 것은 금융기관
에서 용납할 수 없는 범죄다. 고객에게 지급할 적금의 만기
원리금은 단돈 1원의 오차도 허용하지 않는다. 그러나 고
객이 평생 모은 재산을 위험한 파생금융상품에 투자할 경
우 반토막 날 수도 있음을 설명하는 것에는 철저한 주의를
기울이지 않는다.

연예인을 죽음으로까지 내모는 인터넷상의 인신공격과
악플도 평범한 가정의 아들딸이나 직장인이 저지르는 경

우가 대부분이다. 오프라인 세계에선 착하기만 한 사람이 익명이 보장되는 온라인에서는 인간에 대한 예의와 자제력을 포기하는 것이다.

## 행동하지 않는 양심은 악의 편

당신이 리더라면 조직에서 발생한 비위를 해당 직원 개인의 기실석 요인으로만 돌릴 것이 아니라 그를 둘러싼 상황적 논리가 직원으로 하여금 부당한 업무와 비도덕적 행동의 유혹에 쉽게 빠지도록 유도하지 않았는지 살펴야 한다. 과도한 실적 부풀리기의 비위를 저지른 직원이 있다면 과도한 목표와 성과주의의 조직문화에 개선할 요소는 없는지 따져보는 것이다.

동시에 조직원 각자가 자신의 책임을 외부 상황에 돌리지 않는 문화를 조성해야 한다. 남들이 모두 자신의 양심과 신념에 반하는 행동을 할 경우 당신도 그것에 따를지 선택권은 오로지 당신에게 있고, 행동하지 않는 양심은 결국 악의 편이다.

혼자일 때 품은 생각이 집단의 의견과 다를 경우 인간은 외톨이가 되어 고독과 공포감에서 버티기가 어렵다. 혼자

일 때 옳은 생각은 집단 속에 있을 때도 옳다. 자신 때문에 만장일치가 성사되지 못했다고 죄책감을 느낄 필요는 없다. 만장일치를 지향할 때 조직이든 사회든 국가든 이상한 방향으로 굴러가는 것이다.

# 대비효과

Contrast Effect

신발이 없다고 불평했는데

발이 없는 사람을 보았네.

_고대 페르시아 속담

같은 사건, 내용이라도 주변 상황이나 상대적 위치에 따라 느끼는 정도가 달라지는 경향을 말한다.

## 배추 한 포기를 산 다음엔
## 콩나물은 비싸 보인다

[실험1] 한손은 뜨거운 물에, 한손은 찬물에 넣고 일정시간이 경과한 후 두 손을 모두 미지근한 물에 넣게 되면 뜨거운 물에 넣었던 손은 차갑게 느껴지고 차가운 물에 넣었던 손은 뜨겁게 느껴진다.

[실험2] 남학생들에게 〈미녀 삼총사〉 영화를 보여준 후에 낯선 여자의 외모를 평가하면 영화를 보았던 남학생들은 동일한 여성의 미모를 낮게 평가한다.

[실험3] 한 그룹의 여학생들에게 예쁜 여성의 사진을 보여주고, 다른 한 그룹에게는 평범한 여성의 사진을 보여주고 난 후 자신의 외모를 평가하게 하면 예쁜 여성의 사진을 보았던 사람은 평범한 여성의 사진을 보았던 사람에 비해 자신의 외모를 낮게 평가한다.

백화점 구매 통계에 따르면, 비싼 양복을 산 후에 그 양복과 어울리는 셔츠, 벨트, 넥타이 등의 액세서리를 구매한 고객들이 비싼 양복을 사기 전에 구입한 고객들보다 훨씬 비싼 것을 사는 것으로 나타났다. 이유는 비싸서 구매를 꺼렸던 셔츠나 액세서리들도 값비싼 고급 양복을 먼저 사고 나면 양복에 비해 가격이 저렴하게 느껴지기 때문이다.

1,000원짜리 볼펜 한 자루를 사려는데 길 건너 상점에서는 500원을 싸게 판다고 하면 대부분 기꺼이 길을 건너는 수고를 아끼지 않는다. 하지만 300만 원짜리 TV나 냉장고를 사려는데 길 건너 대리점에서 500원을 싸게 판다고 길을 건너는 수고를 감당하는 사람은 찾기 어렵다.

인간이 합리적이고 이성적이라면 500원의 경제적 가치는 동일하기 때문에 500원을 절약하기 위해 길 건너에서 볼펜을 샀다면 냉장고나 TV의 경우에도 같아야 맞는데 말이다.

사람들은 수백만 원짜리 명품 코트는 가격표에 적힌 금액 그대로 사지만 전통시장에서 고작 몇 천 원 하는 나물을 사는 경우 깎아 달라고 한다. 명품 백을 사고 난 후에 마카롱 사는 데는 돈이 아깝지 않지만 배추 한 포기를 산 다음엔 콩나물은 비싸 보인다.

어떠한 대상이나 사실을 바라보는 시각은 개인의 절대적이거나 독립적인 판단이 아니라 시간적으로나 공간적으로 인접한 것과 비교해 판단한 결과일 수 있다.

## 음식점 메뉴판 맨 위에
## 제일 비싼 코스요리가 있는 이유

대조효과를 활용한 상술에 사람들은 종종 낚이곤 한다. 노련한 양복점의 점원은 고객에게 가장 비싼 것부터 보여준다. 고객은 가격에 놀랄 수밖에 없지만 두 번째로 비싼 옷을 부담감을 덜 가지고 흔쾌히 살 확률이 높다.

음식점 메뉴판에 제일 위에 자리한 제일 비싼 코스요리. 비싼 가격 때문에 실제 이 메뉴가 팔릴 가능성은 낮더라도 두 번째로 비싼 메뉴가 잘 팔리게 한다. 첫 번째로 비싼 메뉴는 두 번째로 비싼 메뉴를 많이 팔려는 노림수다.

자동차 판매사원들은 새 차 가격 흥정이 끝나기 전에는 절대로 옵션 얘기를 하지 않는다. 비싼 새 차의 흥정이 끝난 후에 제시하는 타이어, 오디오 같은 옵션 가격은 아무것도 아닌 것처럼 보이기 때문이다. 고객이 상품의 구매를 망설일 때 그와 비교되는 덜 적절한 상품을 함께 제시하면 구매율을 높일 수 있다.

## 극단회피성
### 또는 타협효과

시몬슨과 트버스키의 실험에 따르면, 사람들은 여러 가지 선택지가 주어지면 '중간대안'Compromising alternative을 선택하는 경향을 보인다. 실험은 3종의 카메라로 진행됐다.

[카메라 A] 169.99달러 저품질 저가
[카메라 B] 239.99달러 중품질 중가
[카메라 C] 469.99달러 고품질 고가

먼저 106명의 참가자에게 A와 B 중 무엇을 선택하겠느냐고 물었더니 A 50퍼센트, B 50퍼센트로 선호도가 나뉘었다. 그런데 카메라 C를 추가해 A, B, C 가운데 무엇을 선택하겠냐고 물었더니 A: 22퍼센트 B: 57퍼센트, C: 21퍼센트로 나타났다. A, B 두 제품 가운데서의 B보다 3가지 상품 가운데서의 B가 더 많이 선택된 것이다.

이처럼 양 극단의 카메라는 덜 선택되고 중간 제품이 선택되는 '극단회피성' 또는 '타협효과'가 발생하는데, 기업에서는 주력 제품의 판매 증대를 위해 이러한 상품가격체계를 활용하는 경우가 많다. 구매자는 종종 고가제품에 바

가지 걱정, 저가 제품에는 품질을 의심한다. 중간급 제품은 이 두 가지 극단적인 선택으로부터 입을지 모르는 리스크를 줄여준다.

당신이 마케터라면 신상품이나 새로운 서비스에 대해 새로운 비교대상을 만들거나 고급 제품과 서비스를 통해 소비자로 하여금 가격 비교의 기준을 기존 경쟁제품과 달리 적용할 수 있도록 노력해야 할 것이다. 5,000만 원짜리 BMW는 4,000만 원짜리 포드의 동급 모델과 비교했을 때 느끼는 차의 가치와, 1억5,000만 원짜리 벤틀리 모델을 보고 나서의 가치가 달라 보인다. 전자의 경우 BMW가 비싼 것이 아닌가 머뭇거리게 되지만 후자의 경우에는 가성비 좋은 괜찮은 선택으로 인식될 가능성이 높다.

## 의사결정에서 유의할 대비효과의 함정

당신의 팀원이 신상품에 기획안을 당신에게 올렸다. 당신은 이 기획안이 솔직히 마음에 들지 않는다. 당신은 부장으로서 새로운 기획안을 다시 주문할 가능성이 높다.

이번에는 영악한 그 부하직원이 A안과 B안을 함께 올렸다. A안은 그리 매력적이지 않다. B안은 고려의 대상조차 되지 않는 형편없는 최초의 안이다. 당신이 대조효과에 쉽게 낚이는 타입이라면 A안을 채택할 가능성이 높다. 형편 없는 B안보다는 차라리 A안이 낫다고 생각하면서.

마찬가지로 한번 반려한 기획안이 다시 올라오는 경우 지난번 반려된 초안보다는 나아 채택하는 것인지, 기획안 자체가 채택할 만큼 충분히 훌륭한 것인지 생각해 볼 필요가 있다. 비교의 대상이 제시될 때 비합리적인 결정을 하지 않도록 유의하라.


## 대안은
## 단 하나라는 착각


부서에는 당신이 답답해하는 부하직원이 한둘은 꼭 있다. 상대적인 비교의 결과일 수 있다. 당신이 무능하다고 생각하는 부하직원도 훗날 당신이 작은 회사로 가거나 개인사업을 하게 되면 '그 역시 뛰어났구나' 하는 사실을 깨닫게 될 것이다. '구관이 명관이다'는 상사에게만 적용되는 말이 아니다.

대안을 검토할 때 자주 저지르는 실수는 대안은 하나라는 착각으로 '비교의 함정'에 빠지는 것이다. 단 하나의 투자처나 사업을 검토하면서 안 하는 것보다는 하는 게 낫다는 결론으로 빠지기 쉽다. 우리 두뇌는 시스템적으로 하나의 제안을 제시할 때 그것의 차선책들을 생각해낸 후 그것들과 냉철하게 비교하는 것을 잊곤 한다.

당신의 회사에 몇 개월째 사용하지 않고 있는 빈 공간이 있다. 당신은 그곳에 직원들을 위한 휴식공간을 만들고자 한다. 왜 그곳에 휴게공간을 만들 생각을 했느냐 묻는 사장의 질문에 "그냥 놀리기가 아까워 뭐라도 만들면 그냥 두는 것보다는 나아서"라고 대답한다면 당신은 '대안은 단 하나라는 착각'에 빠진 것이다.

당신은 그곳을 회의실 같은 업무공간으로 활용할 생각을 하지 않은 이유와 직원들을 위한 도서관, 카페, 수유실 같은 여러 대안 가운데 특별히 휴게공간으로 생각한 이유를 설명해야 한다.

높은 수익을 추구하는 당신에게 주거래은행 상담사가 "정기예금보다 이 펀드에 투자하는 것이 낫다"고 제안하면 당신은 은행원에게 다른 여러 대체 투자처 가운데 왜 특정 펀드를 권유했는지 그 이유를 꼼꼼히 물어볼 필요가 있다. 단순히 정기예금보다는 낫다는 이유로 아무 펀드나 가입하는 것은 어리석은 일이다.

## 행복은 자신을 남과
## 비교하지 않는 데 있다

 '나는 민족 중흥의 역사적 사명을 띠고 이 땅 대한민국에 태어난' 세대로 우리 시대 개인의 역사는 어쩌면 비교의 역사이기도 하다. 국민학교, 아니 초등학교 입학 이래로 배우고 때로 익힌다고 즐거웠기보다는 등수가 올랐을 때만 즐거웠다. 엄친아에 비교하면 늘 모자라는 자신을 반성하며 학창시절을 보냈다. 나보다 뒤에 서있는 친구들에 안도하며 나보다 등수가 높은 친구들에게는 질투심을 불태우는 모범적인 학생의 자세를 견지했다.

 성인이 돼서는 사는 아파트, 외모, 승진 비교로 스스로 줄 세우고 앞줄에 서기 위해 늘 새해 계획을 세웠다. 나보다 먼저 승진한 친구를 보면 불행했고 나보다 승진이 늦은 친구를 보면서 위로를 받았다. 회사에 들어와서도 '1등만 살아남는다'는 모토 속에서 한 해 한 해 키 재기를 하고 앞서가는 자를 벤치마킹하며 스스로 격려했다. 그 길이 옳은 길인지는 그리 중요하지 않았다.

비교에는 함정이 있다. '비교의 함정'Comparison Trap이다. 남의 떡은 항상 커 보이고, 남의 집 정원의 잔디는 더 푸르러 보이는 법, 모든 불행의 원인은 남과 비교하는 데 있다.

남보다 잘났다는 생각은 자만심과 우월감을 주는 반면, 남보다 못났다는 생각은 열등감, 질투심, 우울감으로 비참하게 만들 수 있기에 아래를 보고 살면 행복한 것 같지만, 그도 잠시 '난 저 친구보다 낫지' 하면서 얻는 행복감은 나보다 잘난 사람을 만나는 순간 사라진다.

우리는 비슷한 사람들과 자신을 비교한다. 주말골퍼가 타이거 우즈와 자신의 골프 실력을 비교하지는 않는다. 빌 게이츠나 저커버그에 비해 턱없이 가난하다고 좌절하지는 않는다. 늘 고만고만한 사람과 비교하며 잠시 우쭐했다가 좌절한다.

'취직 못한 저 친구보다 난 행복한 거야' 하는 생각은 나보다 연봉이 많은 회사에 다니는 친구를 보면 바로 사라지게 된다. '못생긴 저 친구에 비하면 내 얼굴은 괜찮아' 하는 위안은 나보다 예쁜 사람을 만나게 되면서 물거품처럼 사라지는 것이다.

생애 첫 내집마련의 행복도 얼마 지나지 않아 더 비싼 큰 평수를 산 친구의 집들이를 다녀온 후, 현관문을 열고 들어오면서 '이건 성냥갑이지 집도 아니다' 하는 푸념과 함께 사라진다.

아프리카의 굶주린 저 아이들, 학교도 갈 수 없는 저 친구들 보니 그래도 너희는 행복하지 않느냐고 TV를 보면서 아이에게 물었다. 아이는 대답한다.

"쟤네는 밤늦게까지 학원 다니지 않아도 되니 좋겠네."

우리는 내학에 목매지 않는 북유럽 아이늘에 비하면 엄청 불행하다고. 그래서 G20의 선진국 그룹에 들어도 누군가는 "헬조선"을 외친다.

## 행복의
## 비결

행복은 남과 비교하지 않는 것에서 출발한다. 남이 행복해 보이는 것은 그들이 그냥 지나가는 사람이기 때문이다. 남이 나보다 많이 가졌다고 슬퍼하지 말라. 행복은 무언가를 더 많이 가지려고 하는 것이 아니라 가지고 있는 것을 소중히 여기는 것이다.

법정 스님은《무소유》에서 "행복의 비결은 필요한 것을 얼마나 가지고 있느냐가 아니라 불필요한 것에서 얼마나 자유로운가"라고 하셨다.

외모에 자신 없는 남편은 부인이 거실 소파에 앉아 얼굴 천재 남자 탤런트가 나오는 드라마를 보고 있다면, 당분간 부인 눈에 띄지 않게 방에서 나오지 말아야 한다. 남편 얼굴을 보면 짜증이 훅 올라올 수 있다.

부인들은 늘 새 옷을 사면 남편에게 보여주며 물어본다.

"이거 얼마짜리로 보여?"

이때 남편들은 늘 예상보다 두세 배쯤 높여 부르는 센스를 발휘해야 한다. 그러면 부인들은 원래 이게 정상가격이 얼마인데 이걸 세일에서 엄청 싸게 샀다며 얼굴이 환해진다. 가격표에 붙어 있는 이른바 '정상가격'이라는 것이 정말로 원래 가격인지에는 의문을 제기하지 않는다. 아무튼 예상 가격을 높이 부를수록 부인들은 행복해하니 좋다.

원래 좋은 것과 원래 나쁜 것, 또는 원래 좋은 사람과 원래 나쁜 사람은 없다. 더 좋거나 더 나쁜 것, 더 좋거나 더 나쁜 사람이 있을 뿐. 불행한 일도 마찬가지다. 나쁜 일도 최악의 상황과 비교하면 그리 나쁜 것은 아니다. 신발이 없음을 한탄하지 마라. 발이 없는 사람도 있을 수 있고, 그도 행복하게 살고 있을 수 있다.

왼손가락이 아플 때 안 아프게 해주는 방법은 오른손가락을 더 아프게 꼬집는 것이다. 집 안 온도가 춥게 느껴진다면 차가운 밖에 나가서 떨다 들어오면 좋다. 어느새 집안이 따듯하게 느껴진다. 슬픔은 때로는 더한 슬픔으로 치료되고, 아픔은 때로는 더한 아픔으로 치료되기도 한다.

우리가 경험을 평가할 때는 기대와 비교해 어떤가 하는 문제가 아주 큰 영향을 미친다. 결과에 대한 만족감을 가장 쉽게 키우는 방법은 과도한 기대를 하지 않는 것이다.

# 사회적검증

Social Proof

우리가 지금까지 보아 온 끔찍한 일들,

또한 앞으로 일어날 더욱 전율할 만한 사건의 원인은

이 세상 여러 곳에서 반항적이고 길들여지지 않은 사람이

늘어나는 것이 아니라

오히려 온순하고 순종적인 사람이 계속 늘어나는 데 있다.

_조르주 베르나노스

집단의 다수로부터 받는 심리적 압력 때문에 집단의 의견과 일치된 행동과 생각을 하거나 조화되는 방향으로 자신의 행동이나 생각을 바꾸는 현상을 말한다. 즉, 남들 하는 대로 따라하면 큰 탈 없다고 생각하는 현상이다. 유사한 의미로 '동조현상'이 있는데, 역시 집단의 압력에 개인이 태도와 행동을 바꾸는 현상이다.

## 솔로몬 애쉬의
## '선분길이실험'

솔로몬 애쉬의 '선분길이실험'을 보자. 9~10명을 한 테이블에 앉히고 너무도 쉬운 선분 길이가 서로 같은 것을 묻는 질문을 하는데, 여기서 한 사람만 진짜 실험에 참가한 피실험자이고, 나머지는 사전에 모의된 사람들로 이들은 사전 각본에 따라 틀린 답을 제시한다.

너무도 답이 자명한 질문임에도 피실험자는 자기 답변 차례가 왔을 때 자신의 생각을 포기하고 남들이 말한 틀린 답을 말한다. 실험 결과 네 명 중 한 명만 자신의 뜻대로 옳은 대답을 제시했다.

실험에 참가한 다수는 집단의 답이 틀렸다는 생각이 분명한데도 혹 자신의 시력에 문제가 있거나 자신의 판단이 틀리지 않았나 우려하면서 자신감을 상실하게 된다. 애쉬의 실험은 애매한 상황이 아닌, 무엇이 옳고 그른지 본인이 보기에 명확한 상황에서도 동조가 일어날 수 있음을 증명한 것이다.

## 동조현상의
## 원인

왜 이런 현상이 생길까? 이는 수백만 년 전부터 내려온 동물과 인간의 진화론적 생존방식에서 유래됐다고 볼 수 있다. 집단에서 배척되고 외톨이가 되는 동물, 또는 인간은 죽음에 이를 확률이 높기 때문에 유전자 보호를 위해 남과 같이 행동해 무리에서 배척되지 않음으로써 생존 가능성을 높여야 하기 때문이다.

이러한 사회적 검증 또는 동조현상은 일상에서 쉽게 목격된다. 우리는 친구들과 어울려 끔찍한 범죄를 저지르는 청소년들의 이야기를 종종 접하게 되는데, 그 잘못된 행동에 일반인은 경악을 금치 못하지만 정작 이들은 "친구가 하니까 그냥 저도 했어요" 하고 아무렇지 않게 말하는 경우를 볼 수 있다.

청소년만이 아니다. 번듯한 회사에 다니는 멀쩡한 직장인도 예비군 훈련장에 가면서 군복만 입으면 아무데서나 소변을 보고 드러눕는 모습을 종종 보게 되는데 이러한 행동의 이유를 물으면 남들도 다 그렇게 하기 때문이라고 말한다. 깨끗했던 공원이나 유원지가 한두 사람이 쓰레기를 버리면 이내 쓰레기천지로 바뀌는 것도 같은 이유다.

## 일반인을 모델로
## 하는 광고 전략

　기업에서는 이러한 사고방식을 마케팅에 적극 활용하기도 한다. "이것이 요즈음 가장 잘 나가는 베스트셀러입니다" 하는 광고는 다수가 선택한 것을 따라 가려는 사회적 검증 효과를 노리는 것이다. TV에서 홈쇼핑 채널을 보면, "지금 모든 상담원이 통화 중이라 연결이 어렵습니다"라는 쇼호스트의 멘트를 쉽게 접할 수 있는데, 이 역시 같은 맥락이다.

　인터넷쇼핑몰에서는 사용후기를 다는 경우 쿠폰 등 경제적 이득을 제공해 많은 후기가 올라오도록 유도한다. 상품을 검색하는 고객 입장에서는 사용후기가 많은 상품을 안심하고 클릭하게 된다. 인기 연예인을 광고모델로 세우지 않고 평범한 일반인을 모델로 하는 광고 전략이 효과를 본다. 이들도 실은 일반인이 아닌 전문 모델이다. 하지만 소비자는 이들 모델을 통해 나와 같은 일반인이 애용하는 상품으로 인식한다.

　심지어 재래시장의 상인들도 전문가다. 리어카 또는 행사 매장의 "골라 골라" 소리치는 행상 주변에는 열심히 물건을 뒤적이며 고르는 사람이 있다. 지나가던 사람들은 이를 보고 경쟁적으로 달려들어 물건을 고르게 된다. 물론 열심히 물건을 고르는 사람은 행상과 한 팀이다.


**호텔에서
타올 재사용율을
높이는 법**

소비자를 설득하는 커뮤니케이션 기법으로 사회적 검증과 동조현상의 효과는 애리조나주립대 심리학과 교수 로버트 치알디니Robert Chialdini의 호텔 체인과 협업한 연구에서 잘 드러난다. 호텔 측이 고객의 타올 재사용율을 높이는 효과적인 설득 전략이 있다.


[안내문구1]

타올을 재사용하면 환경보호에 도움이 됩니다.

−35퍼센트 고객이 재사용


[안내문구2]

대부분의 투숙객이 타올을 재사용하고 있습니다.

-44퍼센트 고객이 재사용

**[안내문구3]**

이 방에 머물렀던 대부분의 투숙객이 타올을 재사용했습니다.

-49퍼센트 고객이 재사용

　광고효과를 높이려면 브랜드의 인기를 알리는 것이 최고다. 지역 특성에 맞는 문구로 다른 사람들이 이 브랜드를 좋아하고 있음을 알리는 것이 중요하다. 하지만 정작 고객 자신은 다른 사람들의 결정에 영향을 받지 않고 독립적으로 판단한다고 주장한다.

　사회적 증거의 법칙 활용을 위해서는 당신의 브랜드가 1등 브랜드임을 알리고 강조해야 한다. 선도 브랜드가 아니더라도 특정 시장에서의 선도자임을 강조해야 하는 것이다. 세분된 특정시장에서 선도자임을 포지셔닝해야 하는 것이다.

## 곳곳에서 벌어지는
## 동조현상

　코미디나 예능 프로그램에서는 웃음소리 음향효과를 삽입한다. 시청자들은 남들이 웃는 소리에 무의식적으로 같이 따라 웃게 되면서 재미있다고 착각하게 된다.

콘서트에서 누군가 먼저 박수를 치면 사람들은 따라서 박수를 친다. 1800년대 후반 서구 오페라극장에서는 전문 박수부대를 고용하기도 했다. 단순한 박수인지, 아니면 열렬한 환호인지 박수의 종류에 따라 차등적으로 비용을 책정하는 메뉴표와 전문인력이 있었다고 하니 동조효과를 활용한 역사는 매우 길다.

심지어 구걸하는 거지도 이런 노하우를 활용한다. 바구니에 천 원짜리 지폐를 몇 개 올려놓음으로써 많은 사람이 동냥에 참여하고 있다는 모습을 보여주며 적선에 동참하게 만든다. 물론 동전이 아닌 지폐를 놓을 확률도 높이게 된다.

스포츠에서는 관중의 반응이 심판의 판정에 커다란 압력을 가하기도 한다. 축구심판은 관중석을 메운 홈 관중의 영향을 받아 홈 팀에게 유리하게 반칙 판정을 내리는 경향이 있는 것으로 밝혀졌다.

네빌Neville의 2002년 연구에 따르면, 축구심판 40여 명을 대상으로 43건의 반칙 상황이 담긴 비디오를 보며 심판의 당시 반칙 판정이 정확한지 판단하게 하는 실험을 실시했는데, 하나는 경기장의 함성을 담은 비디오테이프를 보여주었고, 하나는 아무 소리도 담지 않은 비디오테이프였다. 관중의 함성을 들으며 비디오를 판독한 심판들은 홈 팀에게 반칙을 16퍼센트 더 적게 준 것으로 나타났다. 이는 실제 당시 축구장에서 심판이 내린 비율과 같은 것이었다.


## 뭐 먹고 싶어?
## 나는 짜장면

평범한 직장인들은 무엇이 옳은가, 무엇이 그른가에 대해 깊이 생각하기에 앞서 남들이 어떻게 생각하는지를 알아내는 데 힘쓴다. 특히, 자신의 상급자가 가지고 있는 생각은 어느덧 내가 애초부터 가지고 있었다고 착각하게 만든다.

이러한 습관을 타파하기 위해 남의 이야기를 듣기 전에 온전히 자기 생각을 정리해 볼 필요가 있다. 특히, 높은 사람은 자신의 생각을 먼저 밝히지 말아야 한다.

높은 사람이 "뭐 먹고 싶어?" 묻고는 "나는 짜장면" 해버리면 제2, 제3의 짜장면이 나오고 권위의 법칙, 여러 사람이 짜장면을 선택하면서 나도 짜장면을 외치게 되는데 동조, 심지어 "나는 사실 짜장면을 좋아해"라는 자기합리화 인지부조화까지 일어나게 된다.

사회적 검증과 동조에 대한 효과는 아이들에게도 나타나

치료와 개선을 위한 목적으로 사용되기도 한다. 취학 전 어린이 가운데 수줍어 또래 아이들과 섞여 잘 놀지 못하는 아동들을 대상으로 자기 같은 수줍은 어린이가 나중에 활달하고 참여적인 어린이로 변모하는 모습의 영화를 보여주게 되면 수줍음이 개선되는 효과가 나타나기도 한다.

놀이방에서 개를 무서워하는 아이들을 대상으로 한 실험에 따르면, 같은 나이의 아이들이 개들과 즐겁게 노는 모습의 비디오를 지속적으로 보여준 결과, 상당수 아이가 개들과 놀게 되는 연구 결과도 있다.

## 침묵의 나선
## 이론

'침묵의 나선 이론'The Spiral of Silence Theory은 여론이 형성되는 과정에서 자신의 입장이 다수의 의견과 일치하면 적극적으로 동조하게 되지만, 소수의 의견이 되는 경우에는 남에게 나쁜 평가를 받거나 배제·고립되는 것을 두려워해 침묵을 유지하는 현상을 말한다.

독일 정치학자 노엘레 노이만Elizabeth Noelle-Neumann의 연구에 따르면, 인간에게는 고립의 두려움이 있기 때문에 자

신의 의견이 소수에 속한다고 생각할 때는 자신의 의견을
감추어야 한다고 압박을 느껴 침묵의 소용돌이가 일어난
다고 주장했다.

이 이론에 따르면, 사람들은 누구나 고립에 대한 공포가
있다고 한다. 특정한 의견이 다수의 사람에게 지배적인 의
견으로 인정되고 있다면, 자신의 견해가 우세한 다수 의견
에 속하면 공개적으로 의견을 표명하는 반면, 반대되는 의
견을 가지고 있는 소수의 사람은 고립에 대한 공포 때문에
침묵하려는 경향이 크다.

그 결과, 사회적으로 다수에게 지지 받는 의견은 더욱 힘
을 얻게 되고, 소수 의견은 점차 힘을 잃게 된다.


## 사회적 증거의 법칙에
## 낚인 것

침묵의 나선 이론은 "공적인 이슈에 대해 자신이 소수의
관점을 지지하고 있다고 믿는 사람들은 그들의 커뮤니케
이션이 제지되는 가장 밑바닥에 남을 것이며 동시에 자신
들이 다수의 관점을 지지하고 있다고 믿는 사람들은 더욱
자신의 의견을 말하기를 장려 받을 것"이라고 말한다. 침

묵하고 있는 다수가 있음을 무시하지 말아야 하는 이유다.

내가 어리석게도 사회적 증거의 법칙에 낚인 것은 아닌가 스스로 질문해 볼 필요가 있다. '남들이 가진 것들 자동차, 신상 휴대폰 등이 내게도 꼭 필요한가?', '나의 취미 골프가 진정 나를 위한 위해 최선의 취미인가?' 등의 질문이 필요하다.

## 마녀
## 칙령

중세말 유럽, 흉작, 기근, 전염병 창궐로 사람이나 가축이 죽고, 곳곳에서 반역과 폭동이 일어나자 이를 악마의 소행으로 보고 숨은 마녀를 색출해 근절해야 한다는 마녀사냥의 광풍이 몰아쳤다. 당시 성직자와 지식인 등 지배계급에서 비롯된 이런 터무니없는 논리는 대중의 신념으로 확대됐는데, 한때 118명의 여자와 2명의 남자가 자신들이 악마로 겨울을 길게 했다는 자백을 하고 처형당하기도 했다.

1484년 로마 교황 인노첸트 8세의 '마녀칙령'에 따르면, 마녀는 심증만 있어도 고문이 가능했고 고문을 통한 자백도 증거로 채택됐다. 1532년 독일 카롤리나 형법은 "누군가 마법으로 해를 끼치거나 이웃에게 손해를 입혔다면 사형에 처하고 불로 태워버려야 한다"고 제정됐으니 마녀로 의심 받으면 불에 타 죽는 것은 법과 원칙에 의거 정당한 것이었다.


## 약자가
## 희생양

고문은 죽음에 이르도록 혹독했으므로 못 이겨 자백하면 마녀가 되고, 자백하지 않으면 마녀라서 극심한 고통을 참아낼 수 있는 것으로 간주됐다. 자신만 마녀의 누명을 쓰지 않는다면 마녀사냥은 종교적으로도 문제가 없었을 뿐 아니라 오늘날 흔히 말하듯 '법률과 절차에 따라 엄정하게 수사'한 합법적이고 정의로운 일이었음이 틀림없다.

주로 늙고 병들고 가난한 과부나 혼자 사는 여자들, 즉 사회적 관심이 적은 약자가 마녀사냥의 희생양이었다. 성직자와 지식인이 나선 재판의 권위에 일반인이 의문과 도전을 하기 어려웠고 마녀를 변호하고 옹호하면 같은 마녀로 몰릴 수 있기에 침묵할 수밖에 없었을 것이다.

마녀사냥은 지배계층에게는 그들의 지배구조를 단단히 하는 데 유용했고, 대중은 마녀의 화형 장면을 볼 수 있는 흥미로운 오락거리로 여겨졌기에 오랜 시간 이어져 왔다.


## 마녀
## 사냥

500년이 지난 지금도 마녀사냥은 다른 얼굴로 존재한다. 인터넷공간에서의 악플이나 모함이 결국 "아니 땐 굴뚝에 연기 나겠어?"로 이어지고, 본인의 강력한 부정에도 '도둑이 자기가 도둑이라 하겠어?', '강하게 부정하는 것을 보니 더욱 의심이 가네'라는 비상식적인 논리로 그것을 기정사실화한다. 우리 사회에 마녀사냥은 아직도 횡행하다면 우리는 아직도 어둡고 무지몽매한 중세시대를 사는 것과 크게 다름없고, 우리의 지적수준이나 양심은 500년 전의 그들과 크게 다르지는 않다.


## 동물의 왕국인가
## 따듯한 인간사회인가

북극지방의 늑대는 무리에서 배척당하면 곧 다른 늑대 무리에 죽임을 당한다. 제한된 식량을 놓고 벌이는 생존경쟁에서 다른 무리의 늑대는 곧 적인데 집단에서 이탈된 늑대는 공격의 우선 타깃이 되는 것이다.

우리 사회는 먹이를 놓고 싸우는 늑대와 같은 동물의 왕국인가? 아니면 따뜻한 인간의 사회인가? 그 대답에 따라 당신의 행동기준으로 삼는 것이 옳다.

"5,000만 명이 어리석은 것을 주장한다고 그것이 진실이 되지는 않는다."

오늘날에도 가슴에 담아야 할 서머셋 모옴의 말이다.

# 계획오류

Planning Fallacy

가장 좋은 계획은 무계획이야.

_영화 〈기생충〉에서

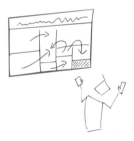

사람들이 특정 프로젝트를 수행할 때 최적의 상황만 감안하다 보니
어떤 작업의 완료일이나 예산을 과소하게 또는 낙관적으로 예측하는
등의 이유로 최종 결과가 원래 예상에서 크게 벗어나는 현상.

## 계획보다 오래
## 걸리게 마련

캐나다 심리학자 로저 뷸러Roger Buehler와 그의 팀은 연구를 위해 졸업을 앞둔 학생들에게 졸업논문 완성에 소요되는 예상기일을 질문했다. 학생들은 모든 일이 잘 된다면 평균 24.7일, 잘 안 된다면 평균 48.6일이 걸린다고 예상했다. 그러나 논문 완성에 실제로 소요된 시간은 평균 55.5일이었다. 학생들이 예상한 최악의 시나리오보다도 평균 1주일이 더 걸린 셈이다.

우리가 어떤 일을 계획할 때 '이 정도 걸리겠지' 생각하는 건 보통 과소평가인 경우가 많아 계획보다 오래 걸리게 마련이다. 계획보다 빠르고 쉽게 이루는 경우는 극히 드물다. 이렇게 일을 계획할 때 실제보다 소요시간을 과소평가하는 계획오류Planning Fallacy의 가장 큰 원인은 사람들은 보통 일의 과정에서 생기는 수많은 장벽 같은 현실적인 요소들을 잘 고려하지 않는 데 있다.

현실적으로는 계획을 방해하는 여러 가지 내·외부적 요소가 있음에도 이를 예상하거나 반영하지 못하고 계획을 세우기 때문에 늘 예상이 빗나가고 계획이 틀어질 수밖에 없다.

## 오페라하우스가
## 늦게 완공된 이유

계획오류의 대표적인 사례는 호주 시드니의 명물 오페라 하우스다. 애초 1957년 착공해 1963년 완공할 계획으로 공사비도 700만 달러 호주달러로 예상했지만 실제로는 1973년 1,200만 달러를 투자해서야 겨우 완성할 수 있었다. 기간과 비용이 계획 대비 2배 이상 소요된 셈이다.

사람들은 과거의 계획들이 너무 낙관적이어서 늘 계획대로 되지 못했음을 잘 알면서도 여전히 달성되지 못할 낙관적 계획을 세운다. 매년 새해가 되면 외국어 학습 계획이나 운동·금연·금주·다이어트 계획을 반복해서 세운다. 우리는 초등학교 때부터 방학이 되면 늘 공부로 가득한 야심찬 하루 일과 계획을 세우고는 개학 전날 밤 어김없이 밀린 일기와 숙제를 하느라 밤을 새운 경험이 있다.

조직에서도 일을 추진하는 데 있어서도 늘 계획오류가 발생한다. 합리적인 판단과 가능성을 계산하는 대신 기업의 모든 인적·물적 자원이 추진코자 하는 사업에 집중될 것이라는 희망에 빠진다. 계획을 추진하는 도중 더 시급하고 갑작스런 방해요소는 생기지 않는다고 믿는다. 사업으로 인한 수익은 과대평가하는 반면, 소요되는 비용은 과소평가하고 추가 비용은 없는 것으로 간주한다. 비현실적인 낙관주의를 바탕으로 세운 계획은 늘 실패하기 쉽다.

운이라는 것의 중요성을 과소평가해 미래의 성과는 오로지 노력과 의지에 달려 있다는 인과관계에 지나친 의미를 부여한 나머지 노력하면 성공할 것이라는 장밋빛 환상에 빠지기 쉽다.

노력과 의지는 새로운 상황이 닥치면 변할 수 있다는 것을 잊는다. 우리는 아는 것에만 집중하고 우리가 모르는 것은 무시함으로써 자신의 믿음을 지나치게 과신한다. 경쟁사에 대해 잘 몰라 경쟁이 주는 영향을 과소평가한다.


## 계획오류를
## 줄이는 법

계획오류를 줄이기 위해서는 우선 근거 없는 낙관주의에서 벗어나야 한다. 그리고 과거 유사한 사업계획이 어떤 과정을 걸쳐 수행됐는지 유사한 경험을 참고하는 것이 도움이 된다. 과거의 경험을 참고함으로써 당시 발생했던 방해요소나 돌발변수를 고려할 수 있기 때문이다.

계획을 보다 단계적이고 세부적으로 세우는 것도 필요하

다. 어떤 일을 하려고 할 때 두 단계로 세부 활동을 나누는 것보다는 다섯 단계로 세부 활동을 나누는 경우 계획오류가 더 적게 나타난다고 한다.

막연한 시간계획이 아니라 세부적인 단계로 나누어 과거 이런 일을 하는 데 얼마나 시간이 걸렸는지 생각하면 오류를 줄일 수 있다. 추진 과정에서 자신의 통제 영역 밖에 있는, 타 부서의 공조가 필요한 부분에 대해서는 자신의 기준에 의한 낙관적인 계획 수립이 되지 않도록 해야 한다.

마지막으로 '사전부검Pre-Mortem' 프로세스를 적용해보는 것도 좋다. 사전부검제도란 어떤 프로젝트나 마케팅 플랜 등을 짤 때 팀원들이 머리를 맞대고 이 프로그램이 성공하지 못했다고 가정하고, 과연 무엇 때문에 실패했는지 생각할 수 있는 모든 이유를 들어보는 것이다. 이런 작업을 통해 변수와 장애물을 예측하고 대응해 나갈 수 있다.

## 치밀한 계획보다
## 긍정적 우연

찰스 다윈의 '자연도태이론'에 따르면, 인간을 비롯한 오늘날의 생물은 아메바 단세포에서 출발해 지금의 모습으로 성공한 생물들이다. 생물체는 같은 종에 속해 있어도 다양한 돌연변이가 일어나고, 우연히 발생한 돌연변이 중 더 유리한 형질을 가진 개체가 그 형질을 차세대에 유전으로 남기고 불리한 형질을 가진 개체는 도태돼 사라졌다.

자연계의 적응·생존능력의 차이는 계획과 의도에 의한 것이 아니라 돌연변이같이 우연에 의해 생겨난다는 것을 생각한다면 조직이나 사회 운영도 반드시 계획적이고 의도적인 결과의 산물만은 아닐 수 있다. 계획을 빈틈없이 잘 세웠다고 반드시 결과가 좋은 것은 아니다. 치밀한 계획은 마음의 편안을 줄 뿐, 계획에 없었으나 오히려 긍정적 우연을 만들어 나가는 데 주력하는 것이 나을지도 모른다.

기업에서는 늘 다음해 사업계획을 세우고 연말에는 성과 분석을 한다. 이 과정에서 사업계획 가운데 이룬 것은 중요한 일로 과대포장 하고 이루지 못한 것은 중요하지 않은 일로 폄하돼 이루지 못한 것의 정당성을 부여한다. 그러나 최근 10년간의 사업계획서를 펼쳐놓고 보면 수년 전 뛰어난 성과로 자평했던 사업이나 과거에 추진했던 사업들이 다시 이름을 바꾸어 다음해 사업계획으로 반복되는 경우를 볼 수 있다.

## 근거 없는
## 자신감은 나쁘다

 UC버클리 경영대학원 캐머런 앤더슨 교수의 실험을 보자. 한 번도 만난 적이 없는 학생들을 네 명씩 한 팀으로 묶어 어려운 수학 문제를 풀도록 하고 이들이 팀의 리더로 어떤 사람을 뽑는지 몰래카메라로 관찰했다. 수학 문제를 푸는 과제임에도 학생들은 수학 실력과는 상관없이 자신감이 넘치는 사람을 리더로 뽑는 경향을 보였다.

 합리적이지 않지만 사람들은 자신감에 넘친 사람을 근거 없이 신뢰하는 경향이 있음을 보여주는 실험이다. 완치에 자신감을 보이지 않는 의사는 환자로부터 능력을 신뢰받기 어렵다. 미래 시장과 주가에 대해 자신감이 없는 투자상담사에게 자신의 재산을 맡기는 것은 께름칙하다. 시장에서 1등을 자신하지 못하는 경영자는 주주들로부터 경영능력을 의심받을 것이다.

자신감은 좋은 것이다. 그러나 지나친 자신감, 근거 없는 자신감은 나쁘다. 과신효과에 빠진 사람은 자신의 성과가 실제보다 뛰어나다고 생각한다. 자신의 상황 예측은 정확할 것이라는 환상을 갖는다. 그리고 자신의 의지대로 상황을 컨트롤 할 수 있을 것이라는 착각에 빠진다. 그래서 포트폴리오를 구성하지 않고 '몰빵투자'를 한다. 남의 의견을 주의 깊게 경청하지 않는다. 경쟁사나 경쟁자 등 남보다 내가 뛰어나다, 능력 있다, 훌륭하다고 생각하며 남을 저평가한다. 그 결과 자만에 빠져 경쟁에 뒤쳐진다. 컨틴전시 플랜이 없어 계획대로 안 될 때 당황하고 분노하고 좌절하며 문제의 원인을 자신이 아닌 외부로 돌린다. 그래서 낙관적 편향은 축복인 동시에 위험이기도 하다.

**"누구에게나 그럴듯한 계획은 있다.
한 대 얻어맞기 전까진"** _마이크 타이슨

자신감과 낙관적 편향은 개인에게는 신이 주신 더할 나위 없이 큰 축복이지만 조직의 입장에서는 늘 경계하고 되돌아볼 일이다. 과도한 자신감이 위험한 선택을 초래할 수도 있다. 계획오류는 그러한 낙관적 편향 속에서 자란다.

당신의 자녀가 낙관적이길 원하는가, 아니면 비관적이길 원하는가의 질문에 대부분 낙관적이길 원할 가능성이 높다. 낙관적인 사람은 건강하고 행복할 가능성이 더 높다. 낙관적인 사람들은 인류를 위한 새로운 발견과 역사를 쓸 가능성이 높다고 한다. 낙관적인 사람은 유머가 있고 매력적으로 보인다.

아직은 우리 사회에서는 과도한 자신감이 신중함보다 먹힌다. 당신이 혹 결혼을 하고자 한다면 그녀에게 일단 결혼하면 손에 물 한 방울 묻히지 않게 해주겠다는 자신감이 필요할지도 모른다.

계획을 세울 때는 성공을 꿈꾸는 것이 당연하다. 실패를 두려워해서는 일이 잘될 리 없다. 하지만 '잘 될거야' 하는 애매한 태도로 시작하면 애매한 결과밖에 기대할 수 없다. 아무리 성공률이 높은 계획이라도 모두 성공할 수는 없다. 계획이 생각대로 원활하게 진행되는 경우는 드물다. 하물며 확신할 수 없는 계획을 시작하는 것만큼 무모한 일은 없다.

# 주의력착각

Illusion of Attention

사슴을 쫓는 자, 산을 보지 못하고

돈을 움켜쥐는 자, 사람을 보지 못한다.

_유안, 〈회남자〉 중

관심 영역 밖에 있는 상황이나 사물에 대해서는 변하는 걸 알아차리지 못하는 현상. '변화맹'Change blindness, '무주의 맹시'Inattentional Blindness 등으로도 표현된다.

## 보이지 않는 고릴라

미국 심리학자 크리스토퍼 차브리스Christopher Chabris와 대니얼 사이먼스Daniel Simons가 인간의 주의력과 관련해 실행한 이른바 '보이지 않는 고릴라'Invisible Gorilla라는 유명한 실험의 내용은 이렇다. 흰 셔츠와 검은 셔츠를 나눠 입은 학생들이 농구공을 주고받는 동영상을 보면서 흰 셔츠를 입은 학생들의 패스의 횟수를 세도록 하는데 사실 이 실험의 목적은 영상의 중간에 고릴라 분장을 한 사람을 보았는지의 여부다.

동영상 시청을 마치고 "화면 속에서 고릴라를 보았느냐"는 질문에 실험 참가자 50퍼센트는 "보지 못했다"고 답한다. '흰 셔츠 학생의 패스 횟수'를 세는 데 정신을 집중하는 바람에 화면 속에서 어슬렁거리는 고릴라를 놀랍게도 인식하지 못하는 것이다. 사전에 패스의 횟수를 세라는 주문을 받지 않은 학생들은 당연히 고릴라를 보았다.

흔히 인간은 동시에 여러 일을 처리할 수 있다고 착각하지만 우리 뇌는 멀티태스킹을 할 수 없다는 것이 이 실험의 결론이다. 우리는 명백한 것조차 못 볼 수 있으며 자신이 못 본다는 사실을 모를 수 있다는 것이 이 실험의 결론이다.

## 우리 사회의
## 주의력 착각

2008년의 금융위기, 그 누구도 예측하지 못했다고 한다. 하지만 과연 전조현상은 없었을까? 한때 만인의 박수를 받았다가 어느새 쇠퇴해버린 기업, 과연 몰락의 징후는 없었을까? 없었다기보다는 보이지 않았고, 어쩌면 보지 않으려고 했을지도 모른다. 조직에서 특정 사업이나 목표에 집착하다보면 그에 반하는 다른 정보나 증거가 보이지 않게 된다.

우리는 눈에 보이는 것이 과연 신뢰할 만한 것인가에 대한 진지한 검토가 필요하다. 보는 것이, 보이는 것이 실은 보고 싶은 것만 본 것이고 보이는 것이 사실이 아닐 수 있다. 리더에게는 깊게 보는 것도 중요하지만 넓은 시각이 필요한 이유다.

기업의 성과도 그렇다. 눈에 보이지 않는 위기가 있다면 눈에 보이지 않는 성과도 있다. 오늘날 거둔 눈에 보이는 성과에는 눈에 보이지 않는 성과도 가려져 있고, 그 성과를 거둔 오늘의 스타 뒤에는 이 자리에 없는 과거의 누군가의 공적이 있다.

역사책에 이름이 나오는 위인들은 이름이 나오지 않은 수

많은 사람의 희생을 바탕으로 탄생하는 경우가 많다. 큰 사고를 잘 수습한 사람, 큰 전쟁을 승리로 이끈 사람은 주목과 칭송을 받지만 사고를 예방한 사람이나 전쟁이 나지 않도록 막은 사람은 우리는 그 이름을 알지 못한다.

내비게이션에 열중한 운전자가 정작 눈앞의 도로표지판을 보지 못하는 것처럼 어떤 한 가지에 오로지 매몰될 경우 중요한 다른 것들을 보지 못하는 것은 인생에 있어서도 마찬가지인 듯하다. 오로지 성공을 위해 매진하는 경우 삶의 균형이 깨지거나 다른 부작용이 발생하는 것이 보이지 않는 것이다.

### The Feature Positive Effect

각종 과일로부터 추출한 비타민이 첨가돼 건강에 좋은 음료라고 자랑하지만 음료에 포함된 당분 때문에 다른 영양소가 파괴되거나 콜레스테롤 수치를 상승시키는 상품에 우리는 종종 낚인다. 우리는 가시적인 긍정적인 면에 집중하는 바람에 이에 낚여 그로 인해 잃게 되는 것을 무시하는 경향이 있는데, 이를 'The Feature Positive Effect'라고 한다. 어쨌든 눈에 보이는 긍정성이 우리를 안심시키고 마음을 편하게 해주기 때문이다.

엑셀로 깔끔하게 정리된 숫자 가득한 보고서를 보면, 데이터가 제시하는 것이 과연 의미가 있는지, 누락된 데이터가 없는지에 대한 생각 없이 사람들이 무작정 신뢰를 하게 되는 것도 어쩌면 이러한 오류의 일종이라 볼 수 있다. 숫자는 거짓말을 하지 않지만 거짓말쟁이들은 종종 숫자를 이용한다는 사실을 잊곤 한다.

## 중요한 것은 눈에
## 보이지 않거든

우리는 발생하지 않은 일, 존재하지 않는 것, 들어보지 못한 것에 대해서는 잘 인식하지 못하는 결함을 갖고 있다.

2차대전 중 영미공군은 격추되는 비행기와 심각하게 손상된 채 복귀하는 비행기를 줄이기 위해서 전투를 마치고 복귀한 비행기를 면밀하게 조사해 기체의 어느 부분이 총탄으로 주로 손상되는지를 분석해 총탄 구멍이 빈번한 부분에 강한 장갑을 보완하고자 했다.

하지만 이 임무를 수행하는 그룹 중 헝가리 출신 수학자

아브라함 왈드Abraham Wald는 이러한 시도가 중대한 오류가 있음을 알게 됐다. 그는 반대로 총탄 흔적이 전혀 없는 곳에 장갑을 대야 댄다고 주장했다. 기체에 총탄 자국을 남긴 비행기는 그럼에도 기지로 복귀할 수 있었던 것이고 총탄 자국이 없는 곳은 그곳에 총탄을 맞게 되면 그로 인해 추락을 당하기 때문에 복귀가 불가능하다는 것을 깨닫게 된 것이다.

있는 것보다는 없는 것을 인식하기가 훨씬 어렵다. 눈에 보이는 것보다는 보이지 않는 것을 생각하기가 훨씬 어렵다. 사람들은 현재 없는 것보다 있는 것에 더 큰 비중을 둔다. 통증이 있을 때는 고통스러워 하지만 통증이 없었던 평소에는 통증이 없다는 것에 행복을 느끼지 못한다. 평화시에는 전쟁이 없다는 사실에 행복해 하지 않는다.

안 좋은 일이 일어나기 전까지는 온 가족이 함께 식탁에 앉아 있고, 아무 일 없이 잠자리에 드는 것이 얼마나 행복한지 모르고 지낸다. 우리가 눈에 보이지 않는 것에 대해 종종 생각하고 깨닫는다면 우리는 훨씬 더 행복하고 만족스러운 삶을 살 수 있을 것임에 틀림없다.

생텍쥐페리의 〈어린왕자〉에서 여우는 말한다.

"내 비밀을 말해 줄게. 아주 간단해. 마음으로 봐야 보인단다. 중요한 것은 눈에 보이지 않거든."

그렇다. 정말 중요한 것은 눈에 보이지 않는다. 눈에 보이지 않는 것은 중요한 것이다.

한편, 사람에게 주의력 착각이 있다는 것은 한편으로 참으로 고마운 일이다. 사랑에 빠진 사람들을 우리는 눈에 콩까지가 씌었다고 말한다. 콩깍지가 씌면 남들 눈에 빤히 보이는 결점도 제 눈에는 보이지 않게 된다. 그 덕에 나는 결혼했다.

# 현재유지편향

Status-quo Bias

매번 같은 행동을 반복하면서

다른 결과를 기대하는 것처럼

어리석은 짓은 없다.

_앨버트 아인슈타인

사람들은 여러 가지 선택 옵션이 있는 경우에 사전에 설정된 초깃값
에 의해 선택하는 경향이 있다. '초깃값효과'라고도 한다.

## 초깃값의
## 힘

보험료가 싸지만 보장 범위가 제한적인 상품A와 반대로 보험료가 비싸지만 보험의 커버리지가 광범위한 상품B의 두 가지 자동차보험에 대해 뉴저지 주와 펜실베니아 주의 보험 가입율을 보면 어느 한 상품이 압도적인 선택을 받는 것으로 나타난다.

그 차이는 뉴저지 주에서는 초기 설정으로 상품A, 고객이 원할시 B상품으로 변경이 가능하도록 돼 있는데, 이 경우 80퍼센트가 상품A를 선택한 반면, 펜실베니아 주에선 상품B가 기본으로 초기 설정돼 있고 고객이 원할 때 상품A로 변경 가능토록 돼 있기 때문이다. 이때는 75퍼센트는 초깃값으로 설정된 상품B를 선택하는 것으로 나타났다.

이렇듯 기본으로 돼 있는 초기 설정의 차이에 따라 결과는 크게 달라진다. 경제학자 리처드 탈러, 법학교수 캐스 선스타인 공저《넛지》에서도 국가별로 장기기증 신청 여부에 있어 어느 것이 초깃값이 돼 있느냐에 따라 장기기증 비율이 40퍼센트에서 80퍼센트로 상승한다고 소개한다.

## 고객의
## 현상유지편향 이용

　마이크로소프트가 인터넷 브라우저에서 한때 선두를 치고 나갔던 넷스케이프를 역사에서 사라지게 한 것도, 국내 워드프로세서 시장에서 '아래아한글'을 압도하고 있는 것 역시 컴퓨터를 사게 되면 기본적으로 설치돼 있는 프로그램이었기 때문이다.

　매월 신용카드 결제내역을 우편으로 발송하는데 비용이 많이 소요되기에 종이봉투 대신 이메일을 선택하게 하고자 할 때 이메일 서비스 신청을 기본으로 하고 이메일을 원하지 않는 경우에만 우편으로 따로 신청을 받게 하면 이메일 신청율이 높아질 수밖에 없다.

　고객정보의 제공 동의나 기타 소비자가 꼼꼼히 체크하기 어려운 복잡한 약관이나 법률적 고지사항을 선택이 아닌 필수 동의 사항으로 체크하고 다음 단계로 넘어가게 하는 것 역시 현상유지편향을 아용하는 사례다.

## 부작위
## 편향

현상유지편향과 유사한 개념으로 '부작위편향'Ommision Bias이라는 것이 있다. 인간은 어떤 일을 함으로써 발생하는 개인적 피해보다는 어떤 일을 하지 않음으로써 발생하는 사회적 피해를 비이성적으로 선호하는 경향이 있다.

예를 들어, 죽을병에 걸린 환자를 살릴 수 있는 시약이 개발됐다고 치자. 이 약의 임상실험 결과 20퍼센트는 바로 사망하고, 80퍼센트는 단기간 연명이 가능한 것으로 나타났다. 당신이 식약청의 인허가 담당자라면 그 약의 시판을 허용할 것인가? 이성적으로 판단하면 허가를 하는 것이 생명을 구하는 데 손해 볼 것이 없지만, 이로 인해 죽은 환자들이 뉴스에 나와 사회적 책임을 지거나 비난을 받는다고 생각하면 허가하지 못한다.

이러한 부작위편향은 자녀들에게 예방주사 접종을 거부하는 엄마들의 심리에서도 나타난다. 예방주사를 맞혔는데 부작용이 발생해 생기게 되는 죄책감과 예방주사를 안 맞혀 훗날 발생하는 질병에 대한 죄책감의 크기를 비교할 경우 전자의 우려와 고통이 더 크게 느껴지는 엄마들이 이에 해당한다.

## 바꾸어 얻는 이익과
## 바꾸어 잃는 손실

우리는 과거를 초깃값으로 설정해 현재 상태를 계속 유지하는 것에 마음의 안정을 찾는 경향이 있다. 옛것을 고수하는 경향이 있는 것이다. 이러한 원인은 손실회피성향과 관계있다. 즉, 무엇인가 바꾸어 얻는 이익과 바꾸어 잃는 손실을 비교할 때 잃는 손해의 고통이 2배 이상 더 크기 때문에 웬만해서는 바꾸려 하지 않는 것이다.

예를 들면, 집값이 하락하고 있어 지금 살고 있는 아파트가 지난달보다 1억 원이 내렸다. 반대로 집값 하락이 예상돼 살고 있는 아파트를 처분하고 전세로 옮겼는데 팔고나서 한 달 만에 아파트가 가격이 1억 원이 올랐다. 이 경우모두 1억 원의 손해를 본 셈이지만, 후자의 결정은 2배 이상 뼈아프게 느껴진다.

## 펀드매니저와
## 의사의 공통점

조직문화에서 손실회피성이 강하면 성공을 추구하기보다 실패를 회피하는 데 중점을 두게 된다. 현재 상태를 유지하고자 하는 편향은 실패를 극도로 두려워해 새로운 무언가에 도전하기를 꺼리는 현상으로 나타나는 부작용이 있다.

과거 자유당 때의 정치구호에서처럼 '못살겠다 바꿔보자'보다는 '바꿔봤자 별수없다'의 갈등에서 후자의 목소리가 더 크게 나타난다.

갑과 을의 두 가지 케이스가 있다고 치자. 갑은 A회사 주식을 보유하고 있었는데 B사의 주식으로 갈아타려다 그냥 A주식을 보유하게 됐다. 그때 갈아탔다면 1,000만 원을 벌 수도 있었다.

을은 B회사의 주식을 보유하고 있었는데 이를 팔고 A사로 갈아탔다. 그냥 B사의 주식을 팔지 않고 있었다면 1,000만 원을 벌 수 있었는데.

누가 후회가 더 큰가의 질문에 응답자의 8퍼센트는 갑이, 92퍼센트 을이라 응답한 실험결과가 있다.

사람들은 결과가 똑같더라도 아무 행동을 하지 않았을 때 얻는 결과보다는 어떤 행동을 한 결과에 후회를 느낄 때 더 강력한 감정적 반응을 느낀다. 후회의 위험에 대한 이러한 불균형은 일반적이고 보편적이고 위험 회피적인 선택으로 이어진다.

소비자는 낯선 비브랜드 상품을 사는 도전을 하기보다는 검증된 브랜드 상품을 선호한다. 펀드매니저들은 연말 성과평가가 다가올수록 평범하지 않거나 리스크가 높은 포트폴리오를 정리하고 안정적 포트폴리오로 조정하는 성향이 있다. 중환자를 치료하는 의사는 실험적이고 도전적인 치료보다는 일반적인 치료법으로 리스크를 회피한다.

## 경마와 휴대전화

현재유지편향과 유사한 또 다른 편향으로 '일관성의 법칙'이 있다. 우리가 어떤 선택을 하거나 입장을 취하게 되면, 그러한 선택이나 입장과 일치되게 행동해야 한다는 심리적 부담감을 느끼게 되며 그러한 부담감은 우리로 하여금 이전의 선택을 정당화하는 방향으로 행동하게 만든다는 것이다.

캐나다 심리학자 녹스와 잉스터Knox & Inkster가 1968년 경마장에서 관찰한 연구실험에 따르면, 사람들은 특정 말에 돈을 걸면, 돈을 걸기 전보다 그 말이 우승할 확률은 더 높게 생각하는 경향을 보이는 것으로 나타났다.

이러한 일관성은 마케팅에서도 중요한 요소로 작용한다. 한번 특정 회사의 휴대폰을 구입하는 경우, 특정 통신사를 이용하는 경우 우리는 계속 그 회사의 신모델이나 해당통신사를 이용할 확률이 높고 그래서 초기에 신규고객을 확보하려는 마케팅은 늘 과당경쟁이라는 사회적 이슈를 몰고 온다. 뿐만 아니라 특정 업체의 휴대폰을 사는 사람은 태블릿이나 노트북, 데스크탑까지 같은 회사 제품으로 일관성을 유지할 가능성이 높다.


## 손부터 잡고
## 뽀뽀는 다음에

사회에 첫출발 하는 사람에게는 누구나 필요한 체크카드는 향후 평생 어느 은행을 주거래은행으로 삼을 것인가에 큰 영향을 미친다. 간단한 앱의 설치가 나중에 큰 고객으로 발전할 가능성이 높아진다.

길을 가는데 처음엔 단순히 환경보호 스티커를 붙여 달라는 사람들이 있다. 여기에 응해주면 좀 더 노력이 소요되는 설문서를 작성해 달라거나 기부금을 요청하는 단계까지 이르게 되는 경우가 많다. 처음부터 설문이나 기부를 요청하면 안 해줄 가능성이 높지만 일단 스티커 붙이기와 같은 사소한 부탁을 허락해 주면 이후 연관된 부탁을 들어주는 데 일관성을 가져야 한다는 심리적 압박이 생기기 때문이다.

남녀가 처음부터 뽀뽀를 하기에는 쉽지 않으나 손부터 잡고 나면 다음 키스로 이어지는 확률이 높아지는 것과 마찬가지라 하겠다. 그래서 비록 당장은 매출이나 수익성이 크지 않은 제품이나 서비스지만 사소한 상품 서비스로 고객으로 유치하려는 노력을 기울이는 경우가 많다. 이른바 미끼상품을 활용하는 것도 시장 공략을 위한 효과적인 방법이다.


## 처음부터 친일파보다
## 변절한 애국자가 더 미워


우리는 일관성을 유지하는 사람에 대해 한 우물을 판다던가, 인내심이 강하다, 끈기가 있다 등의 긍정적 평가를 한다. 그만큼 일관성은 우리에게는 높은 가치로, 장점으로 인식된다.

　가끔 정치적인 주장에서 기존의 스탠스와 다르거나 배치되는 경우 변절자나 기회주의자라고 낙인찍히기 십상이다. 처음부터 일관되게 친일행동을 했던 친일파보다 원래 애국자였다가 나중에 친일부역을 한 인물은 더욱 더 미운 평가를 받는다.

　그러나 일관성이 항상 바람직한 것만은 아니다. 가정폭력에 시달리면서도 이혼하지 않고 계속 사는 사례가 그렇다. 현명한 의사결정은 지금 이 사람과 새로 만났다면 함께 살 것인가가 포인트다. 그동안 함께 살아온 세월이 아까워 계속 사는 것은 이른바 매몰비용의 오류에 해당하기도 한다. 일관성은 매번 선택과 결정의 기로에서 고민과 에너지를 쏟는 고통을 줄여주긴 하지만 그로 인해 일관성 있는 고통을 선택하지 않도록 주의할 필요가 있다.

# 행동편향

Action Bias

인간의 모든 불행은

방 안에 조용히 머물러 있지 못하는 데 있다.

_파스칼

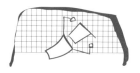

불분명한 상황에서 우리는 뭔가를 하고 싶은 충동을 느낀다. 그리고 나면 더 낫게 변한 것이 아무것도 없더라도 기분은 나아진다. 이렇듯 결과에 관계없이 무언가를 행하는 경우 그렇지 않은 경우보다 마음의 안정감을 얻는 성향을 '행동편향'이라 한다.

## 골키퍼는 왜
## 몸부터 날리고 볼까

축구경기에서 페널티킥을 차는 선수들을 보면 결과적으로 3분의 1은 공을 골대의 왼쪽으로 3분의 1은 오른쪽으로, 나머지 3분의 1은 골대의 중앙으로 찬다. 하지만 이에 대응하는 골키퍼들의 반응은 이상하게도 2분의 1은 왼쪽으로 몸을 날리고, 2분의 1은 오른쪽으로 몸을 날린다. 모든 공의 3분의 1이 중앙으로 날아온다는 분석 결과가 있는데도 골키퍼들이 중앙에 가만히 멈춰 서 있는 경우는 드물다. 왜 그럴까?

골키퍼로서는 그 자리에 멈춰선 채 공이 왼쪽이나 오른쪽으로 스쳐 지나가는 것을 가만히 선 채로 보고 있기보다는 틀린 방향으로라도 몸을 날리는 편이 남들이 보기에 훨씬 나아 보이고 또 심적으로 덜 괴롭기 때문이다. 이처럼 비록 아무런 소용이 없더라도 무언가 행동을 보이는 것을 '행동편향'Action bias이라 하는데, 비단 골키퍼들만 행동편향에 빠지는 것은 아니다.

우리는 왜 행동편향에 쉽게 빠져드는 것일까? 이것은 인류의 오랜 진화의 역사와 관련이 있다. 사냥꾼과 채집가들이 살던 환경에서는 가만히 생각에 잠기는 것보다 신속하게 반응하는 것이 훨씬 많은 보상을 받았을 것이다. 우리는 모두 한때는 오히려 너무 자주 도망치고 빠르게 반응하면서 살던 인간의 후손들이다. 그래서 행동편향은 생각보다 위력이 세다. 아무리 오늘날의 세계가 섣불리 행동하기보다 예리하게 숙고하는 쪽에 더 크고 장기적인 보상을 해준다 해도 생존의 바탕이 된 인간의 오랜 습성은 완전하게 바뀌지 않는다.


## 하지 않는 것으로도
## 역사를 바꿀 수 있다

당신이 기다림이라는 현명한 선택을 해 회사와 국가, 그리고 인류의 안녕을 위해 옳은 결정을 내린다 해도 아무런 명예도 메달도 얻지 못하며, 당신의 이름을 새긴 동상이 세워지지도 않는다.

반면에 결단성을 드러내고 신속하게 행동해 어쩌면 순전히 우연일지라도 상황이 나아지면, 당신은 주변 사람들에게 존경을 받거나 표창장이라도 받게 될 가능성이 높다. 사회는 의미 있게 기다리기보다는 생각이 없더라도 행동하는 쪽을 선호하기 때문이다.

불분명한 상황에서 우리는 뭔가를 하고 싶은 충동을 느낀다. 그러고 나면 더 낫게 변한 것이 아무것도 없더라도 기분은 나아진다. 그러나 자기 기분만 빼면 실제 상황은 종종 더 나빠지는 경우가 많다. 우리는 너무 빨리, 너무 자주 행동하는 경향이 있다. 아무리 인간이 행동하는 것을 선호하고 행동하는 것이 더 빨리 보상을 얻는 방법이라 해도, 상황이 분명하지 않으면 제발 아무것도 감행하지 말라. 당신이 상황을 더 낫게 평가할 수 있기 전까지는 아무것도 하지 말고 뒤로 물러나 있으라.

우리는 하는 것뿐만 아니라 하지 않는 것으로도 역사를 바꿀 수 있다. 기업은 무언가 한 것으로도 조직이나 사회를 발전시킬 수 있지만, 무언가 하지 않은 것으로도 큰 기여를 할 수 있는 것이다. 어떤 상품은 만들어야 하지만, 가습기 살균제, 위험한 금융상품 등 어떤 상품은 만들지 않음으로써 조직과 사회에 기여하는 것이 더 클 수도 있다. 과거 일부 지자체에서 책정된 예산을 다음해 또 받기 위해 연말이면 멀쩡한 보도블록을 다시 까는 식으로 굳이 안 해도 될 일을 하는 경우가 주위에 많다.

　행동편향의 긍정적인 면도 있다. 손실회피편향에 따르면, 사람들은 해서 생긴 손실에 대해 더 아픔이 크다. 그래서 현상유지 편향이 생긴다. 하지만 마크 트웨인이 말했다.

"앞으로 20년 후에 당신은 저지른 일보다 저지르지 않은 일에 대해 더 후회하게 된다. 그러니 줄을 풀고 안전한 항구를 벗어나 항해를 떠나라."

　죽을 때 생전에 했던 것에 대한 후회가 클까, 해보지 못했던 것에 대한 후회가 클 것인가. 해서 생길 후회를 무릅쓰고라도 끊임없이 무언가 새로운 일에 도전하는 것이 옳은가. 답은 각자에게 있다.

# 감정휴리스틱

Affect Heuristic

우리가 사람을 대할 때,

논리의 동물을 대하고 있지 않다는 점을 기억할 일이다.

우리는 감정의 동물, 편견으로 마음이 분주하고

자존심과 허영에 따라 움직이는 동물과 상대하고 있는 것이다

_데일 카네기

사람들은 인간이 합리적이고 이성적으로 판단한다고 말하지만, 인간은 감정에 따라 판단하는 일이 많다. 폴 슬로빅Paul Slovic 등은 "감정이 여러 형태의 판단이나 의사결정에서 정신적 지름길로 작용한다"고 주장했다.

## 우리가
## 보는 '집'

로버트 자욘쯔Robert B. Zajonc는 감정이 의사결정에서 중요한 역할을 한다고 강하게 주장한 초기 심리학자다. 그는 사람들이 자극에 노출되면 인지반응보다 먼저 정서적 반응이 야기되는데, 이들 반응은 자동적으로 일어나며 이후의 정보처리와 판단 과정을 유도한다고 보았다.

모든 지각에는 반드시 감정이 수반된다고 보고 감정이 지각에 미치는 영향을 "우리가 보는 것은 단순히 그냥 '집'이 아니다. 우리는 멋있는 집이거나 볼품없는 집, 아니면 허세를 부리는 집을 보는 것이다"라고 표현했다.


### 매력적인 감정을 유발하는
### 마케팅 전략들

마케터들은 오래 전부터 감정의 힘을 잘 이해하고 있어 프로모션에 많이 이용해 왔다. 반대로 소비자들은 자신도 모르는 사이에 이성보다는 감정의 영향을 많이 받아온 셈이다. 담뱃갑에 인쇄된 흡연의 부정적 결과를 생생하게 보여주는 사진은 흡연을 억제하는 효과가 있다.

과거 '말보로'가 보여주었던 담배 광고의 즐겁고 재미난 이미지는 흡연에 대해 잘못된 긍정적 인상을 심어주어 사람들을 오도한다는 비판을 받았다. 제품이나 브랜드가 어떤 감정 요소와 연합되는가에 따라 소비자들의 상표 선택과 소비 경험이 달라진다. 물리적인 특성으로는 차이를 잘 구분하지 못하는 경우, 소비자들은 제품이나 브랜드와 연합된 감정에 의존해 선택하는 경향이 있다.

## 코카콜라와
## 펩시콜라

2004년 매클루어McClure를 포함한 신경학자 그룹이 새로운 버전의 펩시 챌린지를 시도했다. 그들은 코카콜라와 펩시콜라는 화학적 구성으로 볼 때 거의 동일함에도 사람들이 지속적으로 어떤 브랜드를 다른 브랜드보다 좋아하는 경향을 보인다는 사실에 흥미를 가졌다.

그들은 맛 테스트와 기능성자기공명영상fMRI을 이용해 선호도와 두뇌의 반응을 측정했다. 연구 결과, 블라인드 맛 테스트에서는 코카콜라와 펩시콜라에 대한 선호도가 비슷했지만, 상표를 알려준 경우에는 코카콜라의 맛을 펩시콜라보다 거의 두 배나 선호하는 것으로 나왔다.

fMRI로 뇌를 스캔한 결과도 흥미로웠다. 브랜드를 알려주지 않고 스캔했을 때는 달콤한 음료에 의한 보상을 기대하는 두뇌 영역만 활성화된 반면, 코카콜라 브랜드를 보여주면서 뇌를 스캔할 때는 보상 영역 외에 인간의 쾌감을 관장하는 영역도 함께 활성화된 것을 알 수 있었다.

이러한 결과는 코카콜라가 효과적으로 브랜드 전략을 전개한 결과라고 연구자들은 설명했다. 코카콜라가 늘 광고에서 브랜드와 즐거움을 연결시킴으로써 '코카콜라'는 긍정적인 감정을 유발하는 매력적인 브랜드로 인식된 것이다.

### 정서적
### 꼬리표 달기

똑같은 와인도 가격에 따라 다른 선호 반응을 일으킨다. 플라스만Plassmann의 실험에 따르면, 동일한 저가의 와인에 가격표를 떼어내고 대신 고가의 가격표를 붙였더니 사람들이 선호도가 훨씬 높아지는 현상을 발견했다.

두뇌를 스캔한 결과, 이번에도 고가의 가격표를 붙였을

때, 감정을 정보처리 하는 주요 뇌 영역에서 더 강한 활성화가 관찰됐다. 이와 같이 사람들의 감정을 자극하는 꼬리표를 '감정의 꼬리표affective tag' 또는 그런 전략을 '정서적 꼬리표 달기emotional tagging'라고 한다. 특정 브랜드에 붙은 감정의 꼬리표는 소비자들에게 심리적인 만족감을 주고 나아가 원래 제품이 가지고 있는 가치보다 높게 평가하도록 유도한다.

'자연산natural', '유기농organic', '프리미엄premium' 등의 수식어를 사용하는 것도 정서적 꼬리표를 나는 셋이다. '자연산' 원료, '유기농' 재료, '프리미엄' 원료로부터 긍정적 결과를 기대하게 되며 자연스럽게 선택으로 이어지는 것이다. 심지어 유해 제품인 담배에 '자연산'이라는 정서적 꼬리표를 붙여도 판매가 증가한다는 사실은 대단한 아이러니지만 감정휴리스틱의 위력을 보여주는 좋은 사례다.

## 감정휴리스틱편향의
## 오류

감정휴리스틱에 대한 연구는 본래 위험 인식에서 시작했다. 감정휴리스틱은 일반적으로 어떤 선택 대안의 위험과 이득Risks and Benefits을 판단할 때 이용된다. 사람들은 선택

자극에 노출되면 자욘쯔가 주장하듯이 제일 먼저 정서적 반응이 일어나며, 자동적으로 발생하는 이 정서 반응은 뒤이어 진행되는 정보처리와 판단을 유도한다.

일반 사람들이 어떤 자극에 대해 긍정적인 감정을 느끼면 그 자극으로부터 초래되는 위험은 작고 이득은 크다고 판단하는 경향이 있고, 반대로 대상 자극에 대해 부정적 감정을 느끼면 그 자극으로부터 초래되는 위험은 크고 이득은 작다고 간주하는 경향이 있다.

그러나 현실에서는 위험이 크면 이익도 크고, 반대로 위험이 작으면 이득도 작을 때가 많다. 바로 감정휴리스틱편향으로 인한 오류라고 하겠다.

# 이야기편향

Story Bias

진실한 말은 꾸밈이 없고,

꾸밈이 있는 말엔 진실이 없다.

_노자 〈도덕경〉

인간은 천성적으로 이야기를 좋아하기에 짜임새를 잘 갖춘 이야기는 객관적인 사실이나 정보를 각색함으로써 합리적인 의사결정이나 선택을 방해한다. 흥미로운 이야기가 진실보다 큰 힘을 발휘하는 현상.

## 이야기에
## 끌리는 뇌

　우리의 뇌는 이야기를 원한다. 짧고 단순한 연관성 없는 정보의 나열보다는 조금 길더라도 인과관계로 묶인 이야기를 더욱 잘 기억한다. 나심 탈레브의 〈블랙스완〉에서 인용하자면, 소설가 E. M. 포스터는 단순한 정보의 나열과 플롯을 구분하기 위해 다음의 예를 들었다.

[1] 왕이 죽었다. 그리고 왕비가 죽었다.
[2] 왕이 죽었다. 그러자 슬픔에 못 이긴 나머지 왕비가 죽었다.

　문장 [1]이 더 짧고 단순함에도, 그리고 확률상 [1]이 더 다양한 사인을 포함하고 있음에도 우리의 뇌는 더 길고 복잡한 [2]를 더욱 기억하기 쉬워하고, 그래서 더 전달이 용이하고, [2]가 더 진실일 가능성에 무게를 둔다.

## 우리는 왜
## 이야기편향에
## 빠지는가?

　우리는 이야기를 사랑한다. 이유는 이야기는 우리의 잠재
의식이나 추론에 호소하는 감성적인 만족을 주기 때문에
기억하기도 쉽기 때문이다. '독도는 우리 땅'이라는 가사를
통해 우리는 억지로 외우지 않고서도 '신라장군 이사부'나
'세종실록지리지 50페이지 셋째 줄'을 기억한다.

　학교에서도 이야기로 아이들을 가르친다. 선생님들은 이
야기 속에 있는 정보를 아이들이 더 쉽게 이해하고 기억한
다는 것을 알기 때문이다. 효도를 가르치기 위해 '심청이'
를 이야기하고, 유비무환을 가르치기 위해 〈돼지 삼형제〉
를 읽어준다. 정직하게 살라고 벚꽃나무를 베고 난 후 아버
지의 용서를 구했다는 조지 워싱턴의 이야기를 들려준다.

　이야기는 기억하기 쉽고 납득할 만한 인과관계를 만들어
준다. 인간은 어떤 사건이든 반드시 원인이 있고 그 인과관
계를 밝혀내야 한다는 압박감을 받는다. 때로는 납득 가능
한 인과관계를 만들기 위해 이야기를 억지로 만들어내기도
한다. 스스로 모르겠다를 용납하지 않는 경향이 있기에 뭐
든지 이유를 만들어내야 똑똑하고 생각이 깊은 사람으로

인정받는다는 생각을 하게 된다. 그러다 보니 결말에 따라 원인을 창작해내는 습성이 만들어져 왔다.

이야기를 만들어내고 이야기에 심취하는 것은 인간만이 가진 특성이다. 유발 하라리Yuval Noah Harari는 《사피엔스》에서 역사 발전 과정의 결정적인 7가지 촉매제로 '불'이나 '농업' 외에도 '뒷담화'를 들었다.

인지혁명의 시작으로 불을 지배함으로써 먹이사슬의 정점에 올라선 인간은 언어뒷담화를 통해 사회적인 공동체를 형성하게 됐다는 것이다. 전설, 신화, 신, 종교는 인지혁명과 함께 처음으로 등장하는데 "조심해, 사자야!"에서 한걸음 나아가 "사자는 우리 종족을 지켜주는 수호령이다"라고 말하며 전설을 이야기하는 것을 인간의 독특한 능력으로 보았다.

직접 보거나 만지거나 냄새 맡지 못한 것에 대해 이야기할 수 있는 존재는 사피엔스뿐, 이로 인해 인간세상에서 협업이 가능하게 된 것이다.

## 분석기사보다
## 이야깃거리

이야기편향의 대표적 사례는 언론이다. 아주 작은 사건에서 큰 이야기를 만들어내고 일반화한다. 한 비행청소년이 결손가정에서 자라난 경우, 언론은 감성적 스토리를 만들어내며 결손가정 전체를 일반화하거나 그 사람이 가정의 결손으로 그럴 수밖에 없었다는 스토리를 만들어낸다. 한 범죄자의 신상에서 정신병 치료 경력이 있으면 가공할 스토리를 만들어내며 모든 정신과 치료 경험이 있는 사람을 심각한 예비 범죄자로 낙인찍는다.

사건사고를 취재하는 기자들도 사건사고의 원인이나 대처, 예방에 관한 분석기사보다 이야깃거리를 찾는 데 열중한다. 사고를 당한 사람이 평소 착한 심성을 가진 효자였다든가, 원래 사고 현장에 안 가려고 했다가 가게 됐다든가, 결혼을 앞둔, 또는 결혼한 지 얼마 안 돼 주위의 안타까움을 더하고 있다는 등의 이야기를 찾는 데 노력한다.

스포츠에서 우승을 하거나 금메달을 딴 경우에도 그렇다. 승리의 원인에 대한 과학적인 분석보다는 선수 개인의 이야깃거리, 예컨대, 라면으로 끼니를 때우며 어려운 가정환경을 극복했다거나 할머니가 작년에 돌아가셨다거나 하는 무언가 눈물겨운 스토리를 찾는 데 열중한다.

이야기정보가 워낙 사람들을 끌어들이는 힘이 강하기 때문에 신문기사마저 점점 이야기 형식을 취하고 있다. 독자들은 자신이 기사가 얼마나 공정하고 객관적으로 쓰였는지 판별할 능력이 있다고 믿기 쉽지만, 이야기의 흡인력 앞에선 무기력해지곤 한다.

### 스토리
### 마케팅

가수를 뽑는 오디션에서 노래실력만으로 승부가 좌우되지는 않는다. 웬만한 노래 실력으로는 반드시 우승해 투병 중인 부모님께 기쁨을 드리겠다고 출연 소감을 밝히는 지원자를 이길 수 없다. 인생스토리가 슬프고 감동적일수록 노래에 대한 평가점수가 높아진다.

사회 전 분야에 걸쳐 '스토리마케팅' 열풍이 뜨겁다. '스토리텔링storytelling'이라는 외래어가 널리 쓰이게 된 것이 그런 열풍을 잘 말해준다. 우박과 태풍에 손상된 사과는 상품성이 없어 폐기해야 마땅하지만, 우박과 태풍에도 떨어지지 않고 매달린 사과, 거센 난관을 극복한 사과로 스토리텔링해 수험생에게 '합격사과'로 고가에 판매된 사례도 있다.

## 행동재무학에서 경계하는
## 이야기의 오류

투자를 결정할 때 투자자들은 스토리에 현혹돼 다른 정보와 증거를 무시하는 경향이 있다. 그 결과 그럴듯한 멋진 이야기를 보유하지 못한 기업들에 대한 가치투자를 가로막기도 한다. 증권브로커들은 회사의 객관적인 팩트와 데이터 대신 창업자의 인생역정이나 상품개발의 비화 등 멋진 이야기를 만들어내고 클라이언트에게 전함으로써 주식을 팔고 사게 하는 데 이야기편향을 적극 활용한다.

카너먼은 "그럴듯한 설명이 덧붙여지고 이야기가 조화롭게 흘러갈수록 '결합오류'conjunction fallacy에 빠질 가능성이 커진다"고 경고한다. 결합오류란 두 가지 사건의 합이 하나의 사건에 비해 발생 확률이 더 높다고 판단하는 오류를 말한다. 그는 1982년 미래연구를 위한 국제회의에 모인 전문가들을 대상으로 한 실험 결과를 소개했다. 한 그룹에는 "1983년 석유 소비가 30퍼센트 감소할 것이다"라는 시나리오, 다른 그룹에는 "1983년 석유 가격의 극적인 상승은 석유 소비를 30퍼센트 감소하게 만들 것이다"는 두 가지 시나리오를 각각 제시했다.

그 결과 두 번째 그룹이 자신들에게 제시된 예측을 훨씬 강하게 믿는 것으로 나타났다. '석유 가격의 극적인 상승은' 이라는 이야기가 보태진 것이 그런 차이를 낳은 것이다. 카너먼은 사람들에게는 두 가지 생각이 있다고 보았는데, 하나는 직관적이고 자동적이며 직접적인 생각, 하나는 의식적이고 합리적이며 서서히 힘들여서 해야 하는 논리적인 생각이다. 그런데 직관적인 생각은 의식적인 생각이 진행되기도 전에 추론을 하는 경향이 있다는 것이다.

[1] 미국에서 1,000명 이상의 사망자를 낳을 대홍수가 발생할 가능성

[2] 캘리포니아에서 지진이 일어나 대홍수를 발생시켜 미국에서 1,000명 이상의 사망자가 나올 가능성

　[1]의 가능성이 더 포괄적임에도 사람들은[2]의 가능성을 더 있음직하게 본다.

　나심 니컬러스 탈레브Nassim Nicholas Taleb는 《블랙스완》에서 '내러티브 오류narrative fallacy'라는 개념을 소개했는데, 이야기 편향과 같은 개념으로 보아도 무방하다. 사람들은 일어나지 않은 무수한 사건보다는 일어난 몇 가지 놀라운 사건에 집중해 인과관계를 갖춘 내러티브, 즉 이야기를 만들

어놓고 그것이 사실인 양 믿는 자기기만을 지속한다고 주장했다. 좋은 이야기는 인간의 행동과 의도에 대해 단순하고 일관성 있는 설명을 제공한다. 착한 사람은 착한 일만 한다. 잘생긴 사람은 마음도 착하고 운동도 잘한다고 생각한다. 그래야 마음이 편하다. 반면, 히틀러가 개와 어린이들을 끔찍이 좋아했다는 사실은 우리를 매우 불편하게 한다.

하나의 사건이 생기는 데는 우연이나 수많은 사실이 관련돼 있지만 우리는 사건이 발생하면 그 가운데 몇 개의 사실을 선택해 이야기를 만들어 사건을 이해하려 든다. 팩트에 기반하기보다는 편협한 사건에 기반해 직감이나 감성, 흥미에 어필한다. 진실로부터 왜곡되고 틀린 그림을 갖도록 유도할 가능성이 높다.


## 누구는 천사로
## 누구는 악마로

롤프 도벨리는 이야기편향은 이야기들을 왜곡해 현실을 단순화하는 것이라고 했다.

"사람들은 추상적인 사실들에 대해서는 거부감을 느끼지만, 이야기에는 본능적으로 끌리게 된다. 그것이야말로 저

주다. 그 결과 중요하지 않은 관점들에 밀려 중요한 관점들이 저평가되는 왜곡이 생긴다. 직관적인 생각은 그럴듯한 이야기에 취약하다. 중요한 의사 결정을 내릴 때 되도록 드라마처럼 앞뒤가 딱 맞는 그럴듯한 이야기에 귀기울이지 않도록 노력하길 바란다."

단순한 사건을 의미를 부여해 감동적인 이야기로 만들어내는 능력은 개인적으로 축복받은 능력이다. 그러나 동일한 팩트도 사람에 따라 희극도 비극도 창조해낼 수도 있다. 동일한 사람도 누구는 천사로, 누구는 악마로 만들어낼 수 있음을 경계해야 한다.

## '자뻑'도
## 신이 내린 선물

컬럼비아 경영대학원 교수 마이클 모부신은 "이야기에 열광하는 사람은 실패한다"고 단언하는데, 이는 뒤집어 생각하면 '열광적인 이야기를 잘 만들어내는 사람은 성공한다'고 볼 수 있다. TV 오디션 프로그램에서뿐만 아니라 스토리가 있는 정치인, 스토리를 만들어내는 정치인이 주목을 받는 것을 보면 성공을 위해서라면 당신도 당신만의 스토리를 만들어내는 것이 좋겠다.

'자뻑'도 심하지 않으면 신이 내린 선물이다. 스스로 긍정적인 스토리텔링이 필요하다. 스스로 행복하기 위해서는 단순한 사실로 이루어진 인생도 멋진 이야기로 승화시키자.

내가 시집와서 네 아버지 만나 고생한 이야기를 책으로 쓰면 열 권도 모자란다고 늘 말씀하시는 어머니처럼 누구나 인생스토리가 있다. 억지로 지난 인생을 비극으로 만들 필요는 없다. 그러나 아무리 비극적 인생이라도 훌륭한 이야기로 만들 수 있을 것이다.

# 프레이밍효과

Framing Effect

두 청년이 줄담배를 피우는 것에 대해 논쟁하다
현명하다는 랍비를 찾아가 조언을 구했다.
"기도하는 중에 담배 피우는 것은 옳은 일일까요?"
랍비는 화를 내며 "매우 불경스러운 일"이라고 꾸짖었다.
다른 청년은 이렇게 물었다.
"담배를 피우다가 기도가 하고 싶어지면 해도 되나요?"
그러자 랍비가 부드럽게 대답했다.
"기도는 때와 장소를 가리지 않고 하는 것이 좋다."

표현과 사고의 방식이 사람들의 믿음과 선호에 미치는 부당한 영향
을 말하는 것으로 동일한 사안에 대해서도 어떻게 표현되느냐, 또는
어떤 관점에서 바라보느냐에 따라 전혀 다른 반응과 결론을 가져올
수 있다는 이론. '프레이밍'이란 사진 용어는 사진을 찍을 때 피사체
를 파인더에 적절히 배치해 화면을 구성하는 것을 말하는데, 이에 따
라 사진의 느낌과 구성이 달라지는 것처럼 프레이밍 효과란 사람들
이 자신이 가진 생각의 틀Frame에 따라 동일한 사건도 다른 시각에서
보며, 달리 이해하고, 다른 결론을 내리는 것을 말한다.

## 200명을 구할 것인가
## 400명을 죽게 할 것인가

대니얼 카너먼Daniel Kahneman과 아모스 츠버스키Amos Tver-sky는 이른바 '아시아질병문제'Asian Disease Problem라는 유명한 실험을 했다. 600명의 목숨이 위태로운 아시아에서 발생한 질병에 대처하기 위한 두 가지 프로그램이 있다고 했다.

[프로그램 A] 200명의 목숨을 구한다.
[프로그램 B] 600명의 목숨을 구할 확률은 1/3, 모두 사망할 확률은 2/3다.

설문에 참여한 대다수가 프로그램 A를 선호한다고 응답했다. 200명을 확실하게 살리는 것이 확률에 기대는 도박에 의존하는 것보다는 낫다라고 생각한 것이다. 이번에는 다시 문제를 냈다.

[프로그램 A] 400명이 죽는다.
[프로그램 B] 아무도 죽지 않을 확률은 1/3, 600명 모두를 죽게 할 확률은 2/3다.

이번에는 압도적 다수가 프로그램 B를 선호하는 것으로 나타났다. 사실 이 두 가지 질문은 동일한 질문이다. 200명의 목숨을 구하는 것은 400명의 목숨을 잃는 것과 동일한 결과를 다른 말로 표현한 것뿐이기 때문에 합리적인 인간이라면 첫 번째 질문과 두 번째 질문의 답이 같아야 옳다. 하지만 '200명을 구한다'는 관점 프레임과 '400명을 확실히 죽게 한다'는 관점 프레임에 따라 사람들은 다른 의사결정을 내리게 된다.

### 트롤리 딜레마

카너먼 교수는 프레이밍효과를 연구하면서 사람들의 프레이밍은 공통적으로 '손실회피'를 추구하는 편향성을 갖고 있다는 특이한 사실을 발견했다. 이익을 보기보다 손실을 보는 데 더 민감하고, 손실을 회피하려는 손실회피 심리가 지배적인 것이다.

같은 결과가 예측됨에도 다른 판단을 선택하는 현상으로 '트롤리딜레마'Trolley Dillemma라는 것이 있다. 브레이크가 고장 난 트롤리가 멀리서 5명이 작업하고 있는 철로 위를 질주하고 있다. 이대로 가면 5명이 트롤리에 치여 죽을 것이 분명하다.

[1] 이때 당신이 트롤리의 핸들을 돌려 한 사람이 일하고 있는 쪽으로 차선을 변경하면 5명 대신 1명으로 희생을 줄일 수 있다.

[2] 육교 위에 있는 한 사람을 밀어 선로 위로 떨어뜨리면 그 사람은 죽지만 다른 5명은 구할 수 있다.

소수를 희생해 다수를 구할 수 있는가에 대한 질문에 [1]의 선택에 대해서는 대다수가 동의한 반면에 [2]의 선택은 대다수가 반대했다.

미국 심리학자 조슈아 그린Joshua Greene은 fMRI검사를 통해 뇌를 촬영해 본 결과 사람들이 [1]의 경우 합리적·이성적 결정에 관여하는 전전두엽부위가 활성화되는 반면, [2]를 검토하는 경우 정서적 관계 뇌 부위가 활성화되는 것으로 나타났다.

어찌 보면 결과가 동일한 문제에 대해 사람들은 왜 [1]은 합리적이라고 판단하는 대신 [2]는 거부하는 것일까?

[1]은 '5명을 살리는 것'에 초점이 맞춰지는 대신에 [2]는 '1명을 죽이는 것'에 초점이 맞추어지기 때문이다.

## 90%의 무지방 고기
## 5%의 지방 함량 고기

똑같은 정보도 제시하는 방법에 따라 각기 다른 감정이 유발된다.

"수술 한 달 후에도 생존할 확률은 90퍼센트다"라는 의사의 말은 "수술 후 한 달 내 사망할 확률이 10퍼센트다"라는 똑같은 의미의 말보다 훨씬 더 긍정적인 느낌으로 다가온다.

'90퍼센트의 무지방 고기'와 '10퍼센트의 지방 함량 고기'도 같은 내용임에도 사람들은 90퍼센트의 무지방 고기가 건강에 좋을 것이라고 착각한다. 심지어 90퍼센트의 무지방 고기와 5퍼센트의 지방 함량 고기 가운데서 90퍼센트의 무지방 고기를 선택할 확률이 높다. '무지방'이라는 단어가 '건강하다'는 이미지로 착각을 일으키기 때문이다.

## 정치에서의
## 프레이밍

정치사회나 선거운동에서도 흔히 상대방을 비난하기 위해 서로 부정적인 프레임을 씌우려고 노력하는 모습을 종종 볼 수 있다. 또한 정책에 대한 투표나 설문조사를 할 경우 우리는 프레임에 크게 영향 받는다. 크와트론G.A.Quattrone과 츠버스키Amos Tversky의 실험이다.

[질문1]

■ 정책 A: 실업율 10%, 인플레 12%

■ 정책 B: 실업율 5%, 인플레 17%.

두 가지 정책 가운데 어느 정책을 선호하는가?

A: 36%

B: 64%

[질문2]

■ 정책 A: 고용률 90%, 인플레 12%

■ 정책 B: 고용률 95%, 인플레 17%

두 가지 정책 가운데 어느 정책을 선호하는가

A: 54%

B: 46%

　[질문1]과 [질문2]는 '실업률', '고용률'이라는 단어만 다르지 사실상 같은 질문이다. 합리적인 응답자라면 두 질문의 응답결과가 같아야 정상이다. 그러나 [질문1]에서는 실업률의 개선이 응답자의 선택에 큰 영향을 미친 반면, [질문2]에서는 인플레이션이 판단에 더 큰 영향력을 미치는 현상을 가져온다.


## 코끼리를 머릿속에서
## 지워주는 원숭이

　'비싼 보험료, 비싼 자동차도 '하루 커피 두 잔 값이면 가능'의 광고 문구에 우리는 지른다. 큰 경제적 부담도 하루로 나누면 그 무게가 가볍게 느껴지기 때문이다.

　마케팅에서의 포지셔닝이론도 일종의 프레이밍 싸움으로 해석된다. 새로운 시장에서의 1등 전략을 위해서는 새로운 시장을 찾아내는 것이 중요하고 새로운 시장이란 것은 실은 이미 있는 시장을 잘게 쪼개거나 새로운 관점에서 봄으로써 창조 가능한 것이기 때문이다. 예를 들면, 진통제 시장에서의 경쟁에서 2인자로 밀린 업체가 '밤에 먹는 진통제'라는 새로운 시장을 창출해 새로운 시장을 선점하는 것과 같은 것이다.

기업에 평판리스크 등의 위기가 닥쳤을 때 상대가 만들어 놓은 프레임 안에서 싸울 것이 아니라 새로운 프레임을 창출해 그곳에서 벗어나야 한다. 이는 마케팅뿐만 아니라 정치에서도 많이 쓰이는 전략이다.

한 기업이 A라는 상품의 결함이 발생했을 경우, 그것을 해명하는 데 노력하기보다는 새로운 상품B로의 주위를 환기시키는 것이 현명하다 하겠다.

"코끼리는 생각하지마"라는 주입으로는 소비자의 머릿속에서 코끼리를 지울 수 없다. 그보다는 원숭이를 보여주는 것이 효과적이다.


**장미와
가시**


우리는 상대방이 정해놓은 프레임에 영향을 받기도 하지

만 스스로 만들어놓은 프레임에 종속되기도 한다. 긍정적인 프레임으로 보면 잔에 물이 반이나 남아 있는데, 부정적인 프레임으로 사물을 보면 물이 반밖에 남아 있지 않은 것이 된다.

타인의 모습이나 나 자신의 모습도 어떤 프레임에서 보고 이해하느냐에 따라 평가는 크게 달라질 수 있다.

정년이 돼 퇴직한 사람을 직업을 잃은 실직의 프레임으로 볼 것인가, 제2의 인생을 출발하는 기회의 프레임으로 볼 것인가에 따라 행복감은 달라진다.

법정 스님은《무소유》에서 말씀하셨다.

"'아름다운 장미꽃에 하필이면 가시가 돋쳤을까' 생각하면 속이 상한다. 하지만 '아무짝에도 쓸모없는 가시에 저토록 아름다운 장미꽃이 피었다'고 생각하면 오히려 감사하고 싶어진다."


일과
놀이


마크 트웨인의 소설 〈톰 소여의 모험〉은 우리에게 행복한 삶을 위한 프레이밍효과를 소개한다. 하루 종일 담장에 페인트를 칠하는 벌을 받게 된 톰 소여는 친구들의 놀림에도 짐짓 즐거운 척하며 그 벌을 수행한다. 지켜보던 친구들은 톰 소여의 이런 뜻밖의 행동에 자기도 한번 페인트칠을 해보게 해달라고 사정하게 되고, 톰 소여는 아쉬운 듯 양보함으로써 결국 친구들이 페인트칠 하는 벌을 대신해 주었다.

페인트칠을 '벌칙'이라는 프레임으로 보면 힘든 노동이지만, '재미'라는 프레임으로 보면 서로 하고 싶어 안달하는 일이 된다.

"무대 위의 춤추는 사람은 돈이 목적이고, 무대 밑에서 춤추는 사람은 춤이 목적이어서 같은 춤을 추더라도 누구에게는 '일'이 되고 누구에게는 '놀이'가 된다. 따라서 회사에서 같은 일을 하더라도 그것을 재미로 한다면 월급까지 받아가며 행복을 누릴 수 있다."

법륜 스님이 전하는 지혜다.


**피할 수 없으면
즐겨라**


같은 행위도 프레임에 따라 의미가 극도로 달라지는 현상을 나는 산티아고 순례길에서 체험했다.

군장을 메고 200킬로 행군을 하던 군생활은 끔찍한 고통으로 기억됐으나 총 대신 스틱을 잡고, 군장 대신 배낭을 메고, 군화 대신 트레킹화를 신고 걷는 산티아고 순례길은 나에 대한 성찰과 더 할 수 없는 힐링의 경험이 됐다.

군에서는 월급을 받고 그런 혜택을 누린 것임에도 원하지 않은 일을 억지로 한 것이었고, 산티아고 길은 내 돈을 내고 내가 선택한 일이라는 차이가 있었을 뿐임을 뒤늦게 깨닫게 된 것이다.

사진을 찍는다고 생각해 보자. 프레임에 무엇을 담을 것인가? 푸른 경치를 광각으로 담을 것인지, 그 가운데 있는 쓰레기를 줌으로 담을 것인가? 선택은 우리에게 있다.

# 정박효과

Anchoring Effect

Boys be ambitious!

이제 소년이 아니라면 이야기는 달라진다.

배가 닻을 내리면 움직이지 않는 것처럼 초기에 제시되는 숫자나 자극이 일종의 선입관으로 작용해 이후 판단에 영향을 주는 효과.

심리학자 아모츠 트버스키의 실험을 보자.

행운의 수레바퀴 룰렛을 조작해 10, 65 두 개의 숫자만 나오게 조작한 후 사람들에게 아프리카대륙의 UN회원국이 몇 나라인지를 질문했다.

응답 결과를 보면 먼저 수레바퀴의 10을 본 사람은 유엔국의 수를 적게 추정하고, 65를 본 사람은 유엔국의 수를 많게 추정하는 것으로 나타났다. 실제 유엔국의 숫자와 관계없는 룰렛의 숫자가 하나의 앵커가 돼 유엔국 수를 추정하는 데 무의식적으로 작용하는 기준이 된 것이다.

$1 \times 2 \times 3 \times 4 \times 5 \times 6 \times 7 \times 8$과 $8 \times 7 \times 6 \times 5 \times 4 \times 3 \times 2 \times 1$은 계산 순서만 다를 뿐 답은 같은 값이다. 하지만 순간적으로 짧은 시간에 두 가지를 보여주고 결과값을 대략 추정해 보라고 하면 후자의 추정값이 전자의 추정값보다 높게 나타난다.

사람들에게 [1]"간디의 사망 당시 나이가 114세였을까? 아니라면 당신이 추정하는 간디 사망나이는 몇 살인가?"라는 질문과 [2]"간디의 사망나이가 35세였을까? 아니라면 당신이 추정하는 간디 사망나이는 몇 살인가?"라는 서로 다른 두 개의 질문을 해보면 [1]의 응답의 평균이 [2]의 평균 답보다 크게 높다. 모두 처음 대하는 숫자가 하나의 기준점 역할을 해서 차후 결정과 판단에 영향을 미치는 앵커링효과를 나타내는 것이라 하겠다.

## 트럼프의
## 협상 기술

캠벨의 수프 판촉행사를 통한 한 실험을 보자. 슈퍼마켓에서 수프를 무제한 구매하게 했을 때와 1인당 12개로 제한했을 경우를 비교해 보면, 1인당 12개로 제한했을 때 사람들은 평균 7개의 캔을 구매함으로써 무제한보다 두 배 더 팔리는 것으로 나타났다. 12개라는 숫자가 구매에서 하나의 기준점으로 작용한 결과다.

제조업체가 제시하는 권장소비자가, 경매나 입찰에서 최초로 제시되는 가격, 연봉협상에서의 첫 제시액 등은 이후 가격과 금액을 정하는 데 중요한 기준이 된다. 따라서 어떤 협상에서든 첫 번째 제시하는 숫자는 매우 신중하게 고려돼야 한다.

철저히 계산적인 트럼프의 한국에 대한 방위비 분담액 요구가 그렇다. 집값도 마찬가지다. 처음 매도자가 얼마를 부르느냐에 따라 차후 협상의 기준이 된다. 가정에서도 닻내림효과는 발생한다. 귀가시간, 하루 게임허용시간, 공부시간에 대한 자녀와의 이야기에서 처음 제시하는 시간이 일종의 닻으로 활용될 수 있다. 과거엔 결혼한 남자를 직장 선배나 동료들이 당분간 집에 일찍 보내지 않으며 충고했다. "처음에 길을 잘 들여야 나중이 편해!"

## 높은 닻에 현혹돼
## 분수를 넘지 말지어다

Boys be ambitious! 그간 우리는 꿈을 크게 갖고 높은 곳을 지향하며 닻을 높게 설정하는 데 익숙해 있다. 크게 원해야 크게 이룬다고 들어 왔다. 그러나 당신이 이제 소년이 아니라면 이야기는 달라진다. 행복을 위해서는 내 수준에 맞게 닻을 낮게 설정하고 냉정하게 바라볼 필요가 있다. 예전에 닻이 높았을 때보다도 작은 것에 만족할 수 있고, 예전에 만족하지 못한 수준에도 크게 기뻐할 수 있다.

TV 드라마 속에서는 늘 남녀의 데이트장소로 드문 드문 테이블이 있는 고급 양식당이 나오고, 사무실은 쾌적하며 사는 방은 늘 깨끗하게 청소돼 있고 방바닥에는 입던 옷이나 양말이 널브러져 있는 경우는 드물다.

무엇보다도 드라마 속 주인공들은 다들 예쁘고 멋있다. 식탁 위에는 국과 찌개, 반찬이 가득하다. 평상시 보통사람의 삶의 기준보다 매우 높게 설정돼 있는 것이다. 현실은 그렇지 않다. 높은 닻에 현혹돼 분수를 넘지 말지어다.

# 집단사고

Groupthink

개인에게서 광기를 찾아보기는 힘들다.

그러나 집단, 당파, 민족 등에는 거의 예외 없이 광기가 존재한다.

_프리드리히 니체

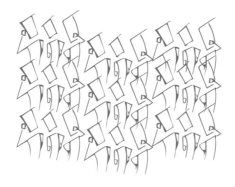

응집력 있는 집단들의 조직원들이 갈등을 최소화하며 의견의 일치를
유도해 비판적인 생각을 하지 않는 것을 뜻한다.

## 챌린저
## 폭발

1972년 미국의 사회 심리학자 어빙 재니스Irving Janis 예일 대 교수는 응집력이 높은 집단의 사람들이 만장일치를 추진하기 위해 노력하며 다른 사람들이 내놓은 생각들을 뒤엎지 않으려 하는 일종의 상태를 '집단사고'라고 규정했다.

집단사고가 이뤄지는 그룹에 속한 사람들은 외부로부터의 다른 시각의 사고를 차단하고, 자신들이 편한 쪽으로 이끌어가려고 한다. 집단사고가 일어나는 동안에는 반대자들을 바보로 보기도 하며 이견을 가진 사람을 당황하게 하거나 화를 낸다. 집단사고는 조직에서 소란을 일으키는 것을 두려워한다. 집단사고의 대표적 사례로는 미국의 피그스만 침공 실패, 우주왕복선 챌린저 폭발 등이 있다.

집단의 문제해결력은 '동질성'과 이율배반적 관계에 있다. 어빙 재니스의 연구에 따르면 그렇다. 1961년 케네디 대통령의 참모들이 쿠바 피그스만 침공시 냈던 어이없는 군사작전의 결정. 그 실패의 원인을 분석하는 과정에서 어빙 재니스는 아무리 개인의 지적수준이 높아도 동질성이 높은 사람들끼리 모이면 의사결정의 질이 현저히 하락하는 현상을 발견하게 된 것이다. 조직에서의 순혈주의가 얼마나 위험한지를 밝혀주는 연구였다.

　높은 응집력을 가진 집단은 집단사고가 일어나기 좋은데, 이유는 그들의 응집력이 종종 말하지 않고도 이해를 한다거나 서로 최소한의 설명이 없어도 일이 가능하다는 점 때문이다. 조직원들이 교육적, 직업적 배경에서 다양성이 없는 경우 집단사고가 일어나기 좋다. 비슷한 견해를 지닌 조직원들은 질문을 꺼냄으로써 집단의 응집력을 깰 수 있다는 우려에 되도록 질문을 삼가고 침묵한다.

　조직의 응집력이 제일 중요한 선행 요소지만, 집단이 외부로부터 고립돼 충분한 토의가 이뤄질 수 없거나 외부로부터 위험이 임박해 구성원의 스트레스가 고조될 때 또한 집단사고로 이어질 가능성이 높다. 또, 지시적인 리더십이 팽배한 조직문화와 조직원들의 사회적 배경과 관념의 동질성이 높을 때도 집단사고의 우려가 높아진다. 어빙 재니스가 제시하는 '집단사고의 환상'은 다음과 같다.

- 우리 집단의 판단이 잘못됐을 리 없다고 생각하는 '무오류의 환상'

- 우리 집단의 도덕성이 다른 집단보다 높다고 생각하는 '도덕성의 환상'

- 우리 집단의 의견이 잘못됐을 수도 있다는 증거나 징조를 구성원들이 스스로 무시해버리는 '합리화의 환상'

- "어느 나라 사람이든 다 똑같아"같이 다른 집단에 속한 사람들은 똑같다고 생각하는 '타 집단의 상동화 환상'

- 집단의 주류 의견과 다른 의견을 내놓으면 반발을 살 것이 두려워 구성원들이 스스로 다른 의견을 내지 않는 '자체 규제 환상'

- 우리 집단의 구성원은 같은 의견이어야 한다고 생각하는 '만장일치의 환상'

- 우리 집단에 의문을 품거나 다른 의견을 가진 구성원들을 집단의 질서를 무너뜨리는 자라고 생각하는 '동조압력 환상'

## 집단초병
## 현상

집단의 구성원들이 자발적으로 부정적인 정보와 비판을 검열하는 경찰처럼 행동하는 '집단초병현상'도 집단사고의 원인이 되는데, 이를 예방하는 방법은 다음과 같다.

■ 집단의 지도자는 조직원들에게 비판의 평가자 역할을 배당한다. 이는 각각의 조직원이 편하게 반대와 의심을 할 수 있도록 도와준다.

■ 집단의 지도자나 상사는 일을 처리할 때 자신의 의견을 먼저 표현해서는 안 된다.

■ 집단은 여러 문제를 위한 각각의 독립된 조직으로 나눠야 한다.

■ 각각의 사람은 조직의 생각을 조직 밖에 있는 믿을 만한 사람들과 이야기해 봐야 한다.

■ 회의할 때는 외부 전문가를 초빙해야 한다. 조직원들은 외부 전문가가 토론하거나 질문하는 것을 받아들여야 한다.

■ 지도자는 회의 동안 다른 사람을 반론자로 선임해야 한다.

## 애빌린
## 패러독스

1962년 소련이 쿠바에 핵미사일기지를 건설하려 했을 때, 쿠바에 미사일로 선제공격을 하자는 군의 건의를 뿌리친 케네디 미 대통령의 의사결정 프로세스는 집단사고의 위험성을 제거하는 좋은 사례다. 케네디 대통령은 자신이 논의에 불참해 자유토론이 이루어지도록 했고, '악마의 변호인'을 지정해 예상되는 부작용을 검토했으며, 소속부서와 직급을 무시하고 발언 기회를 부여했다.

'애빌린패러독스'Abilene Paradox는 한 집단 내에서 모든 구성원이 각자가 원하지 않는 방향의 결정임에도 모두 함께 자신의 의사와 상반되는 결정을 내리는 데 동의하는 역설을 말한다. 이 현상은 집단 내 구성원 각자가 자신이 소속된 집단의 의견이 자신의 것과는 반대되는 것이라 하더라도 감히 집단의 의견에 반대하지 못한 채 동의하는 것으로 집단 내 의사소통이 제대로 이루어지지 못하는 경우에 해당한다.

텍사스에 사는 남자가 어느 여름날 가족과 한가롭게 도미노게임을 하고 있었다. 갑자기 장인이 53마일 떨어진 애빌린으로 저녁식사나 하러 가자고 제안했다.

아내가 "그거 괜찮은 생각이군요." 하고 말했다. 사위는 애빌린까지 운전해서 가려면 오래 걸리는 데다 이런 날씨에 차 안이 무척이나 더울 게 걱정됐지만, 장인과 아내가 가고 싶어하는데 반대할 수 없어 "그거 괜찮은 생각이네요. 장모님도 가고 싶어하셨으면 좋겠네요." 했다. 그러자 장모님이 말씀하셨다. "물론 나도 가고 싶단다. 애빌린에 가본 지 꽤 오래됐거든."

애빌린으로 가는 차 안에서 그들은 오랜 시간 더위에 시달려야 했다. 식당에 도착했을 때 음식은 형편없었고 그들은 지칠 대로 지쳐 4시간 뒤 집으로 돌아왔다. 그들 중 한 사람이 정직하지 못하게도 다음과 같이 말했다.

"아주 즐거운 여행이었어요. 그렇지요?"

그러자 장모님이 말했다.

"사실 나는 집에 있고 싶었지만 다른 세 사람이 애빌린에 가자고 난리를 치는 바람에 어쩔 수 없이 따라 나섰지."

남자가 말했다.

"저도 애빌린에 그렇게 가고 싶지 않았어요. 저는 단지 다른 사람들이 원하는 대로 하려고 갔을 뿐이라고요."

그러자 아내도 말했다.

"전 당신 좋으라고 갔던 거예요. 이렇게 더운 날 바깥에 나가기를 원하면 미친 거라고요."

그 이야기를 들은 장인이 입을 열었다.

"난 그저 모두 지루해하는 것 같아 제안해 본 것뿐이었다고."

가족 중 누구도 원하지 않았는데 그들 모두 애빌린에 가는 데 찬성했다는 사실에 그들은 난처해했다.

이 현상은 집단사고의 한 형태다. 인간 존재는 자주 집단의 경향에 반대로 행동하는 것을 매우 싫어한다. 사회적인 불이익이 주어지기 때문에 개인은 그 불이익이 두려워 자신의 느낌을 드러내거나 자신의 욕망을 추구하고 싶지만 그렇게 할 용기를 내지 못한다.

이처럼 수많은 조직과 구성원은 진정 자신이 옳다고 생각한 대로 행동하지 못하고 아무도 동의하지 않는 암묵적 합의를 통해 '애빌린으로 가는 길'을 선택하게 된다.

'애빌린패러독스'는 결코 우리에게 낯선 현상이 아니다. 조직생활을 하는 사람은 대부분 애빌린패러독스를 경험하게 된다. 이런 역설적 현상이 벌어지는 이유를 사람들은 '조직의 힘' 또는 '조직의 압력'에서 찾는다. 정작 이런 일이 일어나는 가장 큰 이유는 조직 구성원 개개인이 자신의 생각이나 의견을 분명하게 표현하지 않거나 못하기 때문인 것이다.

　때로는 집단 전체의 예측이 그 집단의 구성원 각자가 내
놓은 최선의 평가보다 정확하다. '우생학'이란 용어를 창시
한 영국 과학자 프랜시스 골턴은 소의 무게를 알아맞히는
게임을 해보았다. 800명의 일반인을 대상으로 행사 참가자
들에게 종이를 나누어준 뒤 소의 무게를 적어 내게 했다.

　이것들의 평균을 내본 결과 1,197파운드. 소의 실제 무게
1,198파운드와 거의 일치했다. 올바른 환경에서 집단은 놀
라울 정도로 지성적이며 그들 중 가장 똑똑한 사람보다 똑
똑하다는 결론을 얻을 수 있었다. 그는 "각자 개인의 선택
과 지식을 다 모으면 초월적인 지혜가 존재한다"는 '집단지
성'을 발견하게 됐다.

　대중이 항상 옳은 것은 아니다. 때론 마녀사냥이나 집단학
살에 동참하기도 한다. 국가적 의사결정은 국민투표를 실
시하는데 비전문적인 지식을 가진 평범한 유권자의 단순한
느낌, 감정으로 결정되는 국민투표는 중세시대의 시각으로
보면 아주 한심한 의사결정 방법이 아닐 수 없다. 그럼에도
현대에는 국가적 이슈나 난제를 신이나 성경, 교황이나 노
벨상 수상자에게 물어보지 않는다.

## 브레인스토밍의
## 맹점

창의적인 회의 방식으로 일컬어지는 '브레인스토밍'도 늘 효과를 보는 것은 아니다. 말하는 사람만 말하고 일부는 침묵하는 사회적 태만이 발생하거나 '혹 이야기를 했다가 동료들 앞에서 멍청해 보이기라도 하면 어쩌지?' 하는 평가 불안이 발생하는 경우 브레인스토밍을 좋은 결과를 창출하기 어렵다.

팀원들의 진정한 의견을 듣고 싶은가? 공개석상에서 의사표현 하게 하지 않고 일대일로 묻거나 은밀히 글로 쓰라고 했을 때는 모두 옳은 답을 제시한다. 동조자 가운데 단 한 명만이라도 반대자가 있는 경우에는 즉, 집단의 다수와 다른 의견을 가진 단 한 사람이 있다는 사실만으로도 다수에 동조하는 경향은 크게 약해진다.

집단사고의 위험을 명심하라. 직원들에게 먼저 혼자서 문제를 풀어보게 한 뒤에 생각을 공유하게 하라.

# 분석마비

Analysis Paralysis

너무 걱정하지 마, 아빠는 생각이 많아서 사는 게 힘들었잖니.

괜히 고민해봤자 도움이 안 돼.

어차피 일어날 일은 일어나고, 세상은 살아가게 돼 있어.

_영화 〈창문 넘어 도망친 100세 노인〉 중

지나치게 분석하고 생각하는 나머지 이후의 행동이나 의사결정을 마비시켜 아무런 해결책이나 행동을 이끌어내지 못하는 현상.

## 최선은
## 선의 적

〈이솝우화〉에 '여우와 고양이' 이야기가 있다. 언제나 뽐내며 자기자랑만 늘어놓는 여우가 있었다. "이 세상에서 내 꾀를 당해낼 사람은 아무도 없을 걸. 그러니 무슨 일이 생겨도 난 걱정이 없지." 여우는 늘 이렇게 자랑을 하고 다녔다. 그러던 어느 날 여우는 숲 속을 어슬렁거리다가 고양이를 만났다.

"여우 아저씨, 안녕하세요?"

고양이는 여우에게 공손하게 인사를 했다.

"오, 고양이로구나. 너는 젊은 놈이 늘 수염만 늘어뜨리고, 겨우 쥐들이나 쫓아다니지? 그밖에 무슨 재주가 또 있느냐?"

여우는 고양이를 깔보며 빈정댔다.

"그렇지만 제게도 한 가지 재주는 있지요."

"그래 네까짓 것한테도 재주가 있다고? 그래 그게 뭐냐?"

"나무에 올라가는 재주지요. 적이 덤벼들면 나무 꼭대기로 도망칠 수 있답니다."

"시시하구나! 그까짓 걸 다 재주라고. 난 재주가 100가지도 넘는단 말이야. 또 내겐 아주 기발한 꾀가 있단다. 그러니 아무리 무서운 짐승이 덤벼들더라도 조금도 걱정할 필요가 없지."

바로 그때였다. 사방에서 사냥개들이 몰려왔다. 고양이는 얼른 옆에 있던 나무로 기어 올라갔다. 그리고는 밑에서 우물쭈물하며 떨고 있는 여우를 향해 소리를 쳤다.

"여우 아저씨, 뭐하세요? 100가지도 넘는 재주를 부려 보세요. 꾀주머니도 열어놓으시고요."

그러나 여우는 미처 재주를 부릴 사이도 없이 그만 달려드는 사냥개들에게 물려 죽고 말았다.

고양이는 단 한 가지 재주밖에 없었기에 그 재주를 이용해 목숨을 건졌고, 여우는 100가지도 넘는 도주 계획이 있기에 어느 계획을 써야 할지 몰라 목숨을 잃었다. 실행에 옮기지 못하는 100가지 계획보다는 행동에 옮기는 단 한 가지의 계획이 더 유용하다는 교훈이다.

볼테르는 "최선은 선의 적이다. 완벽은 좋은 것의 적Perfect is the enemy of good"이라고 말했다. 이는 완벽성을 포기하지 않으면 일을 완수하기 어렵다는 의미다. 너무 완벽을 기대하다가 프로젝트를 잘 완성하는 것조차 불가능해지는 것을 경고한 말이다.

2차대전 중 상륙정의 디자인에 대한 논쟁으로 많은 시간을 쏟는 무기개발팀에게 윈스턴 처칠은 다음과 같은 메시지를 전했다.

"완벽이 아니면 소용없다'는 격언을 한 단어로 줄이면 '마
비'Paralysis다." The maxim 'Nothing avails but perfection' may be spelt
shorter: 'Paralysis.'


## 미스샷이
## 나오는 이유

골프에서 스윙을 하기 앞서 어드레스 자세에서 연습장에
서 다져진 일관성 있는 스윙 리듬에 의존하지 않고, 올바
른 스윙 자세에 대한 생각이 너무 많으면 좋은 샷이 나오
기 어렵다.

몸의 무게 중심, 팔과 허리의 각도, 그립의 적절성 점검을
비롯해, 헤드업 금지와 올바른 스윙 궤적, 완벽한 임팩트와
피니시 자세 유지 등 코치가 지적했던 모든 내용을 머릿속
에 넣고 하는 샷은 결국 미스샷으로 이어지는 경우가 많다.

## 돌다리가 무너질 때까지
## 두들기는 조직

완벽지향 성향이 강하거나 100퍼센트 확실성을 중시하는 사람들은 문제에 부딪히면 뚜렷한 원인과 빈틈없는 해결책을 찾으려고 분석만 하다가 결국 문제 해결에 필요한 행동은 하나도 하지 못하는 우를 범한다.

실패를 용인하지 않거나 치밀한 전략 수립을 중시하는 조직문화에서 사람들은 끊임없이 정보를 수집하고 실패사례를 참조하며 돌다리를 두들겨 보느라 혁신적인 아이디어는 실행하지 못하는 경우가 많다.

분석마비 증후군을 벗어나는 방법은 시도 횟수를 늘리는 것이다. 오래 분석할 시간에 많이 시도하다보면 그 가운데 성공적인 작품이 나올 수 있다. 예로서 제임스 클리어의《아주 작은 습관의 힘》에 다음과 같은 사례가 있다.

플로리다대 제리 율스만Jerry Uelsman 교수는 사진 수업의 첫날, 학생들을 두 집단으로 나누어 강의실 왼쪽 집단은 '양적 집단'이라고 이름 붙이고, 강의실 오른쪽 집단은 '질적 집단'이라고 이름 붙인다. 두 집단의 평가 방법을 달리해 '양적 집단' 학생들은 제출한 사진의 '양'으로 평가했다. 반면, '질적 집단' 학생들은 한 장이라도 오로지 '질'로 평가했다.

평가 결과 상식적으로 생각하면 '질적 집단'의 사진의 질이 더 좋아야 할 것 같으나 율스만 교수는 가장 완성도 높은 사진들은 대부분 양적 집단에서 나왔다는 걸 알게 돼 놀라움을 금할 수 없었다. '양적 집단' 학생들은 수없이 많은 사진을 찍으면서 구도와 조명, 인화 방법을 시도하는 가운데 질적으로 우수한 사진을 찍을 수 있었던 것이다.

돌다리도 건너기 전에 두들겨보는 것은 현명한 일이다. 그러나 돌다리가 무너질 때까지 두들겨보느라 강을 건널 수 없어서는 안 된다.

# 수다를 떠는 경향

Twaddle Tendency

아는 자는 말하지 않는다.

말하는 자는 알지 못한다.

_노자,《도덕경》

자신이 잘 모르는 주제이거나 깊이 고민해 보지 않은 문제일 경우 머릿속에 명료하게 생각이 정리되지 않는다. 이때 입으로 쏟아내는 어렵고 애매모호한 긴 말들은 부족한 지식과 얕은 생각을 은폐시킨다. 그러나 듣는 사람은 그 모호한 말이 유창하다는 이유로 그를 과대평가한다.

## 아는 자는
## 말하지 않는다

수다스러움은 무지를 은폐시킨다. 분명한 생각은 분명하게 표현된다. 어떤 사안을 몇 글자의 쉽고 짧은 문장으로 정리할 수 없다면 그것은 충분히 알고 있지 못하는 것이다. 그런 이유로 대학에서 경제학원론을 가르치는 교수는 경험과 지식이 풍부한 원로 석학인 경우가 많다.

"간단하고 분명하게 말하는 것이 얼마나 어려운 일인지 당신은 믿지 못할 겁니다. 사람들은 당신이 단순한 사람으로 보이는 것을 두려워하지요. 실제로는 정반대인데 말입니다."

GE의 잭 웰치의 말이다.

"아는 자는 말하지 않는다. 말하는 자는 알지 못한다."

노자의 말이다.

동서고금을 통해 말을 많이 하는 자의 얕은 지식을 경고하는 속담은 많다.

- 빈 수레가 요란하다. Empty vessels make the most sound.
- 가장 수다스러운 사람이 가장 실천하지 않는 사람이다. The greatest talkers are the least doers.

■ 큰소리치는 자는 해낼 수 있는 것이 적다. They can do least who boast loudest.


　말은 누군가의 능력에 가면을 씌워준다. 자신을 세련된 언어로 멋지게 표현 할 줄 아는 사람은 그렇지 못한 사람에 비해 더 많은 능력을 가진 것으로 간주된다. 공적인 자리에서 자신의 의사를 자신 있게 표현하지 못하는 사람은 아무리 재능이 있는 사람도 승진에 핸디캡이 된다. 또한, 말을 못하는 사람은 가진 지식과 경험을 표현하는 데 서툴다고 보기보다는 표현할 지식과 경험 자체가 아예 없는 사람으로 오해받는다. 그러나 멋진 강연과 프레젠테이션을 한다고 그가 학문적으로 석학이라는 것은 아니다. 중요한 삶의 지혜와 지식은 말로 표현하지 못하는 많은 경험과 탐구 속에서 축적된다. 화려한 언어와 화술에 대한 경외심을 내려놓을 필요가 있다.


**짧게 던지는
한마디**


　말주변이 없다는 것은 경험의 빈곤, 감정의 빈곤을 드러내는 것으로 간주되고 말주변이 없다는 것은 사고방식이 논리적이지 못하고 불투명한 것에 원인이 있다고 해 타인을 폄하하거나 스스로를 자학하는 경우가 많다. 그러나 말을 많이 한다고 해서 반드시 말을 잘하는 것은 아니다. 장황하고 알맹이 없는 이야기를 오래 듣는 것처럼 고통스러운 일도 없다. 말을 잘하는 것은 말을 많이 하는 것이 아니라 무게 있는 말을 임팩트 있게 하는 것이라 하겠다.

오랜 시간 상대방의 이야기를 재미있게 듣고는 헤어지고 나서 결국 무슨 말을 들은 것인가 정리가 안 되는 경우 종종 있지 않은가. 때로는 상대방의 이야기를 경청하며 긴 침묵을 거친 후에 짧게 던지는 한마디의 말이 더 기억에 남을 때가 있다.

## 수사학은
## 속임수인가

소크라테스와 그의 제자 파이드로스의 논쟁을 담은 플라톤의 《파이드로스》에는 수사학, 즉 레토릭이 중요하다고 주장하는 파이드로스에 대해 스승인 소크라테스는 교묘한 말솜씨로 대중을 선동하고 삶을 움직이는 것, 즉 수사학을 속임수로 평가절하한다. 소크라테스는 "진실에 이르는 길은 대화Dialog 이며, 리더는 수사학·레토릭에 의지해서는 안 된다"고 주장한다.

아리스토텔레스의 《수사학》에서는 타인을 설득하기 위해서는 로고스 논리, 에토스 윤리·도덕성, 파토스 열정의 세 가지 요소가 필요하다고 역설했다. 대중선동의 연설에 능했던, 그래서 한 나라를 집단 광기로 몰아넣었던 히틀러의 폐해에 대해서는 알고 있지만, 그래도 세상은 정치인이나 리더에게 어느 정도의 뛰어난 레토릭을 기대한다.

레토릭이 전부는 아니지만 우리는 그래도 우리 시대의 리더 특히, 정치인에게는 조롱과 저주의 수준 떨어지는 논평이나 막말이 아닌, 로고스·에토스·파토스가 어우러진 수준 높은 연설이 그립다.

## 운전사의
## 지식

1918년 노벨물리학상을 받은 막스 프랭크는 독일 전 지역에서 강연 요청을 받았다. 그는 어디에 초대되든 자신이 세운 양자물리학 개념에 대해 똑같은 강연을 했다. 3개월간 20회 이상 똑같은 내용이 반복되자 그의 운전사조차 내용을 다 외우게 됐다. 어느 날 피곤해하는 막스 프랑크를 향해 운전사가 한 가지 제안을 했다.

"뮌헨에서 교수님 대신 제가 강연을 해보면 어떨까요? 내용은 전부 외우고 있고, 사람들의 질문도 대부분 비슷할 테니 들킬 염려는 없을 겁니다. 교수님은 청중석 맨 앞자리에서 제 모자를 쓰고 계십시오."

흥미로운 제안을 받아들인 막스 프랑크는 운전사 모자를 쓰고 앉아 있었고, 그의 운전사가 양자물리학 강연을 했다. 그런데 강연 말미에 한 물리학 교수가 뜻밖의 질문을 했다. 그러자 운전사는 이렇게 말했다. "뮌헨처럼 발전된 도시에서 그처럼 단순한 질문을 하리라고는 전혀 예상하지 못했습니다. 그 정도는 제 운전사도 대답할 수 있으니 그에게 부탁하겠습니다."

이 이야기를 빗대어 '진짜 지식'과 '운전사 지식'이라는 말이 있다. 진짜 지식은 오랫동안 생각하며 일한 사람들에게서 나온다. 깊은 사유의 과정을 거쳐 나온 지식. 진짜 지식인은 모르는 것은 그 분야에 대해 잘 모른다고 솔직히 말한다. 반면, 운전사의 지식은 모르는 것을 능숙한 말솜씨로 포장해 아는 것처럼 전달하는 지식을 말한다.

인터넷에서 떠도는 지식. 반론이나 비평을 수용할 수 없는 어설픈 지식인 운전자의 지식은 공허하다. 중요한 것은 진짜 지식과 운전사의 지식을 구분하기가 어렵다는 점이다. 진짜 지식보다는 화려한 언변이 가득한 운전사의 지식에 더 많이 귀기울이게 된다. 그렇기에 증권가 지라시나 카더라 통신에 더 집중하게 되는 것은 아닐까?

## 누구와
## 탈출할 것인가

진짜 지식을 가진 사람과 운전사 지식을 가진 사람은 분명한 표식이 있다. 공자님께서 가르쳐 주셨다.

知之爲知之, 不知爲不知, 是知也.

아는 것을 안다고 하고, 모르는 것을 모른다 하는 것이 진정으로 아는 것이다.

진짜 지식을 가진 사람은 자신이 무엇을 알고 모르는지를 정확히 알고 있다. 그들은 자신의 능력 범위 밖에 있는 것에는 아무 말도 하지 않거나 모른다고 당당하게 말한다. 그러나 운전사의 지식을 가진 사람들에게는 모른다는 당당함은 없을 것이다. 운전사는 그 어떤 질문에도 모르는 것이 없다.

사람들은 이론이나 언어로 요약되거나 표현되는 지식은

과대평가 하는 반면, 경험에서 얻은 지식은 평가절하 하는 경향이 있다. 경제학을 공부하는 학자가 부자가 되는 것은 아니며, 수영 이론을 탐독한다고 해서 수영을 잘하는 것은 아니다. 행복을 강의하는 심리학자가 가장 행복한 사람이라고 말할 수 없다. 당신이 전쟁 중 적진에서 고립됐을 때 함께 탈출할 한 명을 고를 수 있다면 다음 중 누구인가. 100번의 전투에 참여해 살아남았으나 한 권의 교범도 써본 적이 없는 사람, 그리고 단 한 번의 전투 경험도 없는 군사학 교관.

## 위대한 리더의 조건

말없이 내향적이고 조용한 직원을 무시하지 마라. 내향적인 사람들의 장점을 최대한 활용하라. 이들은 깊이 생각하고 전략을 세우고, 복잡한 문제를 해결하고, 위험을 감지하는 데 도움이 될 것이다.

짐 콜린스는《Good to Great》에서 "레벨 5의, 그러니까 최고의 지도자상은 흔히 상상하는 카리스마가 넘치는 사람이 아니라 극도의 겸허함과 그러면서도 강력한 프로의식을 갖춘 자"라고 말했다. 그런 CEO의 특징으로 '조용하다', '겸손하다', '소박하다', '말이 적다', '수줍음을 탄다', '품위 있다'. '온화하다', '자기를 내세우지 않는다', '절제돼 있다'는 단어로 표현했다. 그러니 리더는 반드시 외향적인 리더십을 갖추어야 한다고 강박관념을 가질 필요는 없다.

《Quiet》의 저자 수잔 케인은 외향적인 관리자와 그 밑에 수동적인 직원의 조합보다는 내향적인 관리자와 그 밑의 능동적인 직원의 경우가 더욱 좋은 성과를 낸다고 말했다.

내향적인 관리자는 직원들의 창의적인 아이디어를 수용할 확률이 높은 반면, 외향적인 관리자는 직원들을 자신의 지시에 따르는 수동적인 직원으로 만들 가능성이 높기 때문이다.


**전략적
허위진술**


회사나 정당의 대변인이나 공보 담당자, 방송의 아나운서 등 직업적으로 말을 잘하는 사람과 그 사람의 지식을 동일시하지 말라. 잡담능력과 좋은 아이디어는 아무런 연관이 없는데도 연구에 따르면, 입심이 좋은 사람은 과묵한 사람에 비해 똑똑하다고 오해하는 것으로 나타난다. 직장에서의 회식에서 사회나 건배사를 잘한다고 그 사람의 업무능력과 동일시하지 마라.

화술과 임기응변 능력이 뛰어나다 보면 전략적 허위진술 Strategic Misrepresentation에 능할 수 있다. 전략적 허위 진술은 구직을 위한 인터뷰에서처럼 자신에게 맡기면 뭐든지 할 수 있고 잘할 수 있다는 자신 있는 주장을 펼치는 것을 의미한다. 나중에는 어떻게 됐든 일단은 할 수 있다고 말하는 어쩌면 지극히 인간적인 허위진술이다.

기업의 경우 전사적, 장기적 프로젝트일수록 참여 인원과 관련 부서, 사업 기간이 많아지고 길어지므로 사업이 실패로 가도 개개인의 책임 소재는 불분명해질 가능성이 높아 전략적 허위진술이 난무하기 쉽다.

전략적 허위진술에 낚이지 않도록 하기 위해서는 당신이 어떤 사람과 관여하게 될 때 이를 테면 컨설팅 업체를 선택한다든지, 아니면 부서의 팀원과 새로운 업무계획에 대해 논의할 때 상대방이 말하는 것에 주목할 것이 아니라 그 사람의 과거에 실제로 해낸 일에 주목하는 것이 좋다.

그리고 프로젝트에 관한 일이라면 그와 비교할 만한 과거의 다른 프로젝트들의 기간, 가용성, 그리고 거기에 들었던 비용에 주목하라. 그리고 현재의 프로젝트 계획안이 왜 그렇게 훨씬 더 자신감 넘치고 낙관적인지 생각해 보아야 한다.


**금언은
짧다**

아무튼 말을 길게, 많이, 크게 하는 사람과 협상이나 토론을 벌일 때는 주의해야 한다.

좋은 말을 하기에는 침묵을 필요로 한다. 때로는 긴 침묵을 필요로 한다. 말을 잘 한다는 것은 말을 많이 하는 것이 아니요, 농도 진한 말을 아껴서 한다는 말이다. 피천득

금언은 모두 짧다. 간결함은 모든 지혜가 함축된 증거다. 한통의 양동이 물보다 한 잔의 와인이 더욱 귀중하다. 발티자르 그라시안

# 평균값의 오류

The Problem with Averages

한 국가의 후생 수준을 GDP를 통해 가늠하기란 매우 힘들다.

_사이먼 쿠즈네츠, GDP 개념 고안으로 노벨경제학상 수상

평균이라는 정보에 기대어 잘못된 의사결정을 하는 경우가 많다.

## 평균에 낚이면
## 낭패를 본다

키 170센티미터 사람이 수심 평균이 1미터의 강을 건너는 것은 안전하지 않다. 히말라야의 고봉을 오르는 데 연간 평균기온이나 평균 적설량의 정보는 안전한 산행을 보장하는 의미 있는 정보와 무관하다. 따라서 평균을 가지고 의사결정을 하는 경우 심각한 위험을 초래할 수 있다.

우리는 종종 아이돌이나 또는 오디션 프로그램에서 1등이 돼, 한 회의 행사만 뛰어도 수천 만 원을 받는 엄청난 부를 누리는 가수들을 본다든지, 또는 드라마 한 회 출연당 수천 만 원을 받는 배우들의 수입에 압도돼 연예인의 수입에 대한 잘못된 환상을 갖는다. 상위 극소수의 수입을 보고 전체 평균의 수입이 높을 것이라는 착시 현상을 갖는 것이다. 또한 수치로 제시되는 평균조차 상위 극소수의 극단값이 평균에 반영된 것을 감안하면 우리가 생각하는 평균과는 큰 차이가 있어 '평균의 함정'에 빠지기 쉽다.

가수나 영화배우가 되면 막대한 수입을 누리는 것으로 생각하며 연예인을 지향하는 청소년이 많다. 국세청 자료에 따르면, 대중음악을 하는 사람들의 2018년 연평균 수입은 1,200만 원 수준이고, 중앙값은 600만 원이다. 따라서 당신이 중간 정도 실력과 인기의 가수를 자신한다면 기대할 수 있는 당신의 연소득은 600만 원이다. 상위 1퍼센트에 속하는 28명의 가수가 1인당 한해 평균 48억 원의 소득을 올린다고 해서 가수에 대한 환상을 갖는 것은 금물이다.

영화배우의 평균 소득은 1,876만 원, 중앙값은 800만 원이므로 보통의 배우로서 당신이 기대할 수 있는 연소득은 800만 원인 셈이다. 배우 탤런트 10명 중 9명의 월수입은 60만 원으로, 상위 1퍼센트는 전체 연예인의 수입의 절반 가까이를 벌어늘이는 반면에 배우 탤런트 10명 중 9명은 연간 수입이 1,000만 원도 되지 않는다.

## 진짜 부자의 직업은 '무직'

최근 억대 광고수입을 누리는 유튜버가 인구에 회자되면서 초등학교 학생들의 미래 직업 희망순위에 유튜버가 상위로 등극했다고 한다. 1인 크리에이터로서의 삶은 화려할까? 유튜브 전체 조회수의 90퍼센트는 상위 3퍼센트의 유튜버가 차지한다. 그런데 이들 상위 3퍼센트의 유튜버의 평균 광고소득이 월 160만 원. 우리가 흔히 생각하는 억대 수

입을 거두는 유튜버가 그야말로 얼마나 극소수인지 짐작할 수 있다. 이 상위 3퍼센트의 월 평균소득 160만 원은 2019년 최저급여 수준인 175만 원보다 오히려 낮고 대한민국 소득 하위 20퍼센트의 월소득 132만 원과 별반 차이가 없다. 상위 3퍼센트에 드는 유튜버가 돼야 기초생활비라도 벌 수 있는 수준이 되는 것이다.

유튜버나 연예인으로 억대 연봉을 기대하는 노력이면 차라리 열심히 공부해서 판검사나 의사가 되는 것이 확률이 높을 수도 있다.

고객을 평균으로 분석하는 오류의 예를 들어보자. 직업별로는 무직이 평균 금융자산이 최고일 확률이 높다. 진짜 부자는 굳이 직업을 가질 필요가 없고, 또한 직업을 '무직'으로 쓸 확률이 높기 때문이다. 파레토의 법칙이 적용되는 세계에서는 극단적 소수가 평균에 큰 영향을 미친다.

버스에 빌 게이츠나 제프 베조스가 한 명 탔다고 승객의 평균키가 크게 달라지는 않는다. 그러나 평균 금융자산이나 연소득은 이들 한 명이 들어옴으로써 엄청난 착시를 불러온다. 따라서 평균값의 분석은 주의 있게 해석하지 않으면 잘못되고 위험한 결론에 도달할 수 있다.

# 확증편향

Confirmation Bias

내 이론이 옳다고 확신할수록

그와 모순되는 사례들을 더 적극적으로 찾아 나섰다.

_찰스 다윈

자신의 신념과 부합되거나 일치하는 정보는 받아들이고, 그렇지 않은 정보에 대해서는 무시하는 사고방식. 자기가 보고 싶은 것만 보고 자기가 믿고 싶은 것만 믿는 현상이다.

## 사람의 마음은
## 난자와 같다

알버트 하스토프Albert Hastorf와 해들리 캔트릴Hadley Cantril
의 실험을 보자.

앙숙관계에 있는 프린스턴대와 다트머스대의 풋볼경기
비디오를 양 대학의 학생들에게 보여주며 각 팀이 저지른
파울의 수를 세보라고 요청했더니 학생들은 자기 대학팀보
다 상대팀의 파울을 2배 더 잘 찾아내는 것으로 나타났다.

2015년 영국총선에서 제니 리델Jenny Riddell과 리처드 쇼
튼Richard Shorten은 부가가치세를 1펜스 올려 1만 명의 간
호사를 추가 고용하자는 정책을 제시하면서 유권자의 절
반에게 이것이 보수당의 공약이라고 말하고, 절반에게는
노동당의 정책이라고 소개했다. 그랬더니 노동당 지지자
들은 이 정책이 노동당 정책이라고 들었을 때 법안에 강력
한 지지 의사를 표현한 반면, 보수당 정책이라고 하자 강
하게 반대했다.

반대의 경우도 마찬가지. 해당 정책이 보수당 정책이라고
설명들은 보수당 지지자들은 압도적인 지지를 표명한 반
면, 노동당 정책이라고 들은 사람들은 여러 이유를 들어 반
대했다. 정책의 내용보다는 지지하는 정당에 따라 판단이

좌우되는 것이다.

전설적인 주식투자가 찰리 멍거Charley Munger는 사람의 마음을 난자에 비유했다.

"정자 하나가 난자로 들어오면 다른 정자가 들어오지 못하도록 차단하는 것처럼 사람의 마음도 같은 종류의 경향이 강하다."


## 마케팅트리아쥬
## 전략

사람들은 다양한 사례나 증거에도 원래 자신이 가지고 있는 생각이나 신념을 뒷받침해 주는 것만 선택적으로 채택해 기존 생각을 강화한다.

인간은 본래 선하다는 성선설을 주장하는 사람은 인간이 선함을 증명하는 사례만 눈에 띄고, 반대로 인간은 악하다는 사람은 그런 증거와 경험만 눈에 찬다.

성선설에 입각해 '칭찬은 고래도 춤추게 한다'는 신념을 가진 리더는 비록 소수에 머물기는 하지만 각종 관련 이론과 칭찬으로 조직을 이끌었던, 그래서 효과를 보았던 사례와 경험에 의존한다.

반대로 성악설의 신념을 가진 리더들은 군대 시절 얼차려의 효과 등을 떠올리며 질책, 모욕, 강압을 통해 성과를 높였던 경험과 사례로 무장되기 쉽다.

마케팅에서는 소비자가 자사 브랜드에 보이는 확증편향에 따라 고객을 분류하고 목표고객군을 설정할 필요가 있는데, 이를 나폴레옹 군대의 군의관 도미니크 장 라레의 부상병 치료를 위한 환자 분류 원칙에 기인해 '마케팅트리아쥬Marketing Triage전략'이라 부른다. 라레는 치료에 앞서 부상병을 세 부류로 나누는 것이 중요하다고 했다.

[1] 치료 여부와 관계없이 생존 가능성이 높은 사람
[2] 치료 여부와 관계없이 생존 가능성이 낮은 사람
[3] 즉시 치료하면 살 수 있는 사람

그리고 치료의 우선순위를 이들 [3]에 맞추었다. 이 법칙은 마케팅에도 적용할 수 있다.

[1] 마케팅활동을 하지 않아도 구매할 사람
[2] 마케팅활동을 해도 구매하지 않을 사람
[3] 마케팅활동을 벌이면 구매할 가능성이 높은 사람

한정된 예산으로 선택과 집중이 필요한 마케팅활동은 [3]에 집중돼야 한다. [1]은 충성고객이자 구매빈도가 높은 고객으로 이미 브랜드와 광고에 꾸준히 노출돼 있어 추가구매 여력이 크지 않고, [2]는 부정적인 확증편향 때문에 설득하는 데 효율과 효과가 떨어지기 때문이다.

## 과학선진국 미국에서 650만 명이 지구가 둥글다는 사실을 믿지 않는다

어떤 뉴스는 누구에겐 가짜뉴스, 누구에겐 진실보도가 된다. 많은 사람이 자기가 좋아하는 정치적 시각을 가진 매체의 뉴스만 선택적으로 편식하며, 자신의 정치관과 다른 뉴스는 가짜뉴스로 매도하고, 자신의 관점과 일치하는 뉴스는 정론이라고 치켜세운다. 그렇게 선택적 뉴스를 통해 얻은 정보를 객관적인 증거라고 우기며 자신의 주장은 논리적이고 근거가 있다고 믿는다.

지구는 평평하며 태양이 지구를 돌고 있는 천동설을 믿는 사람이 아직도 있다는 것을 알고 있는가? 지구가 둥글다는 이론은 이미 2,000년이 훨씬 넘은 시기에 아리스토텔레스도 주장한 이론이지만 미국에서는 지구는 평평하다고 생각하는 사람, 이른바 '플랫 어스Flat Earth이론'을 믿는 사람이 전체 인구의 약 2퍼센트, 650만 명에 달하는 것으로 조사된다.

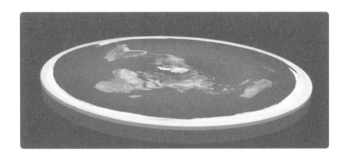

특히, NBA 농구 스타 카이리 어빙이 언론과의 인터뷰에서 자신은 지구가 평평하다고 믿는다고 말한 이후, 미국의 학교 선생님들이 그를 숭배하는 지구가 평평하다고 믿는 학생들로부터 수난을 받고 있다고 한다.

지구평면설을 주장하는 사람들은 "지구 중앙에 있는 북극을 중심으로 각 대륙이 배치돼 있고 가장자리를 이루는 바다의 끄트머리는 45m 남극 얼음벽으로 둘러싸여 있어 바닷물이 넘치는 것을 막아준다"고 주장한다.

이들은 지구가 둥글고 자전을 한다는 수많은 과학적 증거나 콜럼버스가 증명한 진실, 중력의 존재, 심지어 인간의 달 착륙이나 인공위성의 지구 사진은 모두 조작 날조된 것으로 확신한다.

반대로 지구가 둥글다면 어찌 상식적으로 지구 아랫부분에 사람이 거꾸로 서 있을 수 있으며, 빠른 속도로 회전하는 지구에 사람이 가만히 땅에 붙어 있을 수 있는가 하는 지극히 그들 입장에서의 합리적이고 상식적인 질문을 평평한 지구이론의 빼도 박도 못할 증거로 제시한다.

이들은 지구가 공 모양이면 수평선이나 지평선은 양쪽 끝이 아래로 휘어져 보여야 하나 그렇게 관찰되지 않는 게 증거라는 등 200여 가지의 지구평면설 증거를 제시하며 인공위성에서 찍은 사진 등 지구평면설에 어긋나는 모든 사실적 증거를 '조작된 영상'이라고 묵살한다.


## 꼰대의
## 심리

오늘날 우리는 이런 사람들과 함께 섞여 공동체를 이루며 살고 있다. 생각의 다름은 비단 지구평면설뿐이 아니다. 신과 종교의 문제, 이념의 문제 등 수많은 문제에서 그들 입장에서는 그들이 정의이고 진실이며 합리적이기에 과학적, 일반적인 논리에도 자신의 신념을 절대 굽히지 않는 사람들이 존재한다.

그들에게는 그들의 주장을 뒷받침할 확실한 증거가 차고 넘친다. 그런데 그런 신념을 가진 사람이 조직의 상위 관리자나 영향력 있는 위치에 있다면 그들의 확증편향은 특히 위험하다.

그들의 확증편향은 성공의 경험이 많을수록, 지식이 많을수록 더 현저하게 나타날 수 있다. 그래서 "내가 해봐서 잘 아는데…"라는 말을 종종 사용한다. 이들은 자신의 신념에 허점이 생기는 것을 좋아하지 않는다.

그래서 먼저 자신만의 철학과 이론을 세우고 마음에 드는 증거들만 열심히 찾아내 자신의 이론을 더욱 보강하고 방어해 나간다. 젊은 친구들은 이러한 유형의 리더를 전문용어로 '꼰대'라고 부른다.


## 찰스 다윈이
## 위대한 이유


위대한 과학자 찰스 다윈도 자신의 이론이 옳다고 확신할수록 그와 모순되는 사례들을 더욱 적극적으로 찾아 나서고 연구했다고 한다. 당신의 신념이나 주장이 만고불변의 진리라는 확신이 들수록 팀원들도 그렇게 생각하는지,

다른 관점은 있을 수 없는지 마음을 열고 들어야 한다. 당신이 높은 자리에 있을 때는 당신 생각에 동의하는 사람이 많겠지만 높은 자리에서 내려오면 그렇지 않을 수 있음을 깨닫게 된다.

어린 시절 나는 '신神이 있다'는 다양한 증거를 확신에 차 제시하는 친구와 '신이 없다'는 증거를 제시하며 종종 입씨름을 펼치곤 했다.

지금은 그런 주제로 싸울 만큼 유치하지 않다. 신은 믿는 사람에게는 있고, 믿지 않는 사람에겐 없다. 신이 있다면, '신이 있다 없다'로, '나의 신만 옳다'는 이유로 서로 피 흘리며 싸우는 우리의 어리석은 모습을 슬프게 바라볼 것이다.

# NIH증후군

편견은 내가 다른 사람을 사랑하지 못하게 하고,

오만은 다른 사람이 나를 사랑할 수 없게 만든다.

_제인 오스틴의 〈오만과 편견〉 중

말 그대로 '여기서 개발된 것이 아니다'라는 의미다. 소속된 조직 내부에서 고안되거나 개발된 것이 아니라 외부에서 온 것이라면 무조건 인정하지 않는 경향. 제3자가 개발한 기술이나 연구 성과는 무작정 인정하지 않는 배타적 조직문화나 태도를 말한다.

## 쇄국주의와
## 메이지유신

NIH증후군에 빠진 조직은 문제에 대한 해법을 자신 또는 조직 내부의 역량만으로 해결하려는 경향을 고수함으로써 타인이나 다른 조직에서 나온 더 나은 기술이나 아이디어는 무시하거나 수용하지 않는다.

이러한 문화는 더 나은 발전을 위한 외부와의 소통과 협업을 어렵게 만들어 조직 성장의 장애요인으로 작용하다. 조선 후기 우리의 쇄국주의 고수와 타 문물을 적극적으로 받아들인 일본의 메이지유신을 비교해 보면 그 폐해를 쉽게 알 수 있다.

다른 사람, 다른 조직의 기술이나 아이디어를 이용하지 않으려는 이유는 무엇일까. 사람들은 자신이 생각해낸 아이디어를 과대평가하거나 남의 아이디어에 질투심을 느끼게 마련이다.

이러한 태도는 부족주의 형태의 일환으로 다른 문화에서 유래한 물품이나 제도를 받아들이지 않으려는 것과 비슷하다. 기존 체제를 구축하며 기득권을 누려왔던 지배계층이 그들의 영향력을 계속 유지하기 위해 폐쇄적인 문화를 조장해 나가기도 한다.

NIH증후군에 빠진 기업은 외부 컨설턴트의 경영진단을 폄하하는 경향을 보인다. 자신이 고안해낸 신상품은 시장에서 히트할 것이며, 우리 회사는 최고의 회사가 될 것이라는 근거 없는 자만심에 빠져 있을 가능성이 높다.

기업 내에서도 마찬가지다. 하나의 부서를 담당하는 부장들은 자신의 부서의 사업계획이나 추진 활동에서 타 부서의 조언과 지원을 거부하는 모습을 종종 본다. 그들의 조언이 자신의 부서의 성공을 질투하는 목적의 불순함을 숨기고 있다고 의심하거나 나중에 성공할 경우 성과를 공유하기 위한 밥숟가락 얹기로 의심하기 때문이다.

우리 국회도 마찬가지다. 정작 각 당의 선거공약집의 커버를 떼면 어느 당 공약인지도 구분하기 어렵지만 자기 당 정책은 옳고 다른 당 의원이 발의한 법안은 거부한다.

백의민족, 단일민족, 찬란한 민족문화의 자부심을 갖는 것은 좋은데 여기에 지나쳐 다른 나라의 문화는 저급한 것으로 폄하한다. 아프리카나 아시아 개발도상국가의 고유한 문화는 미개한 것이고 우리 문화는 전통적이며 독특한 것이라고 생각한다.

## 내집단편향
## 외집단편향

인류도 수백만 년의 진화과정에서 타 집단의 공격으로부터 생존하기 위해서는 집단으로 맞서야 했고, 소속된 집단에서 배제된다는 것은 곧 죽음을 의미했기 때문에 이러한 성향이 정착됐을 것이다.

동물의 왕국, 북극의 늑대의 경우 무리를 지어 다니다가 다른 무리에서 이탈한 늑대를 공격하는 모습을 본다. 한정된 식량자원의 제한 속에서 경쟁이 되는 타 무리의 개체수를 감소시켜야 나와 자신이 속한 무리의 생존 가능성이 높아지기 때문이라고 한다.

주로 다른 무리 늑대의 굴 속에 숨어 있는 어린 새끼들과, 새끼들을 지키고 있는 어미늑대를 물어 죽이는 매우 잔혹한 광경을 보게 되지만 그들에게는 생존을 위한 활동이다. 만물의 영장인 인간도 무리지어 살지는 않지만 학연, 지연, 혈연 등의 집단을 만든다.

나아가 애사심과 애국심에 기반한 집단을 형성한다. 같은 집단 안에서도 또 다른 세부 집단을 만들어 구분 짓는다. 회사에는 같은 부서, 같은 해 입사동기, 같은 출신학교의 무리가 생기는 식이다.

같은 초등학교 급우 사이에도 같은 아파트에 사는 아이들끼리, 심지어 같은 아파트단지 내라도 같은 평수에 사는 아이들끼리 무리를 만든다. 이렇듯 인간은 끊임없이 집단을 만들고 집단에 소속됨으로써 안정감을 느끼며 집단 밖의 사람을 배척하는 습성을 지니고 있다.

## 외집단동질성<br>편향

내가 속한 집단 속에서 소속감이 강해질수록 집단 외부에 있는 사람들에 대해 편견은 끊임없이 재생산 된다. 외부집단 누군가 한 사람의 잘못은 그 한 사람만의 문제가 아니라 그 집단 전체의 잘못으로 매도되며 집단에 대한 편견과 고정관념을 강화하게 한다. 이를 '외집단동질성편향'Outgroup homogeniety Bias이라고 부른다. 사회심리학에서 내집단In group은 자기, 혹은 특정 사람들이 속한 그룹을, 그리고 외집단out group은 자기가 속하지 않은 그룹을 말한다.

여자들끼리 모여 남자들 험담을 한다. 서로 얘기를 나누다 보니 '남자들은 다 똑같다'는 결론에 도달한다. 남자들 역시 마찬가지다. "여자들이 다 그렇지" 한다. 사실은 당연히 그렇지 않다. 여자들도 서로 다르고, 남자들도 서로 다르다.

그런데 여자들은 남자들이 다 똑같고, 남자들은 여자들이 다 똑같다고 생각한다. 물론 자신들은 서로 다르다고 여긴다. 가족 간에도 그렇다. 형제가 여럿일 때 스스로 우리는 서로 아주 다르다고 생각한다. 남들이 보면 성격도 비슷하고 외모도 똑같은데 말이다.

서양인의 눈에는 동양인은 다 똑같이 생겨서 누가 누군지 알아볼 수 없다. 마찬가지로 동양인 역시 서양 사람들의 얼굴은 다 비슷하게 생겨 구분하기 어렵다. 이렇듯 외집단 동질성편향은 타 집단에 대해서는 동질성을 과대하게 평가하는 경향을 갖게 한다.

## 상호 접촉 정도

내부를 바라보는 시각은 이와 다르다. 집단 내부에서 누군가가 문제를 일으키면 그는 집단과 무관한 한 사람의 일탈로 간주한다. '외집단동질성가설'Out-group homogeneity 혹은 '내집단이질성가설'In-group heterogeneity에 따르면, 사람들은 자신이 속한 집단의 다양성은 과대평가, 동질성은 과소평가하는 반면, 다른 집단의 다양성은 과소평가, 동질성은 과대평가하는 편향적 사고를 지니고 있다.

왜 사람들은 내가 속하지 않은 외집단은 내가 속한 내집단에 비해 동질적인 것으로 여길까? 왜 우리는 다양한데 그들은 똑같다they are alike, we are diverse고 생각할까?

첫째 물음의 답은 '상호 접촉 정도'다. 자신이 속한 집단 구성원들의 경우 자주 접촉하고, 그래서 상대에 대한 정보가 많기에 서로간 차이를 잘 인식할 수 있는 반면, 외집단 구성원들과는 접촉 자체가 제한적이고, 그들간 차이를 파악할 수 있을 만큼 잘 알지 못하기 때문이라는 답이 가능하다Islam & Hewstone, 1993; Linville & Fischer, 1993.

외집단 동질성 지각은 사람을 이해하기 위한 정보를 조직하고 회상하는 방식의 차이, 즉 내가 속한 내집단 구성원들에 대해서는 어떤 추상적인 공통의 특질이 아니라 개별 사람이라는 차원에서 정보를 처리하는 반면 외집단에 대해서는 공통의 특성으로 설명되는 하나의 집단으로 인식하기에 이런 지각 편향이 일어나는 것으로 볼 수 있다.

## 구성원간 차이
## 인식의 필요 정도

구성원간 차이 인식의 필요 정도 또한 적절한 답이 될 수 있다. 내부 그룹 구성원들의 경우 앞으로도 계속 만나야 하기 때문에 서로를 구분해 인식할 필요가 높은 반면, 외부 그룹 구성원들에 대해서는 그렇게 해야 할 동기가 상대적으로 약하다. Linville, 1998

흥미로운 것은 내집단의 동질성을 필요 이상으로 과장되게 인식하면, 도리어 그렇기 때문에 반대로 집단 내부의 사소한 이질성에 대해 필요 이상으로 주목해 예민하게 반응할 수도 있다.

한 조직의 상사가 다른 경쟁조직은 일사분란한데, 왜 우리 조직은 하나가 되지 못하고 사분오열 하는지에 대해 우려의 생각을 가질 수 있다. 옛날에는 그렇지 않았다고 푸념하면서 말이다. 여기서 옛날에는 하나였다는 상사의 생각이 허위 합의고, 우리는 사분오열인데 그들은 일사분란이라는 또 다른 생각이 외집단 동질성 가설이다.

우리 내부의 이질성을 사분오열 같이 부정적으로 해석할 수도 있지만, 반대로 민주주의적 다양성같이 긍정적으로 해석할 수도 있다. 물론 우리 내부의 이질성을 부정적으로 해석하든 긍정적으로 해석하든 둘 다 잘못된 인식일 가능성이 높다.

긍정적 해석이 더 큰 문제일 수도 있다. 자기 조직 내부는 다양하고 민주적인데, 경쟁하는 다른 조직의 그들은 획일적이고 전체주의적이라는 생각은 타자에 대한 또 다른 편견으로 작용한다.

## 무중력
## 사고자

경쟁조직뿐 아니라 사회의 소수집단을 바라보는 주류집단의 시각에서도 외집단 동질성 가설은 적용될 수 있다. 소수자 내부의 다양성을 평가절하하면서 우리와 달리 그들은 집단적으로 생각하고 집단적으로 행동한다고 보는 편향된 시각은 우리는 선하고 그들은 악이라는 생각과 다를 바 없는 일종의 폭력이다.

집단사고와 내집단 편향에 갇힌 조직의 혁신을 위한 대안으로 '무중력사고자'Zero Gravity Thinker의 영입이 필요하다. 신시아 바튼 레이브Cynthia Barton Rabe은 《이노베이션 킬러》에서 타 부서 또는 타 회사, 외부 컨설턴트 등 현재 조직에 소속되지 않아 조직을 객관적으로 볼 수 있는 아웃사이더, 즉 무중력사고자를 활용해 조직에 혁신을 불러일으키는 방법을 제시하고 있다.

저자에 따르면, 조직의 혁신을 가로막는 걸림돌에는 크게 두 가지가 있는데, 하나는 함께 일하는 사람들이 두루 찬성하는 결정을 내리려는 성향을 말하는 '집단사고'GroupThink의 성향이고, 또 하나는 더 죄질이 나쁜 것으로 조직 내에서 또는 해당 분야에서 최고 전문가들이 결정을 내려야 한다고 생각하는 '전문가사고'ExpertThink라고 주장한다.

이 두 가지 성향은 사고의 범위를 '모두가 이미 알고 있는 것'의 틀 안으로 제한함으로써 새로운 아이디어나 비약적 타개책은 제안되지 못하거나 묵살될 수밖에 없게 만든다.

'아는 것이 힘이다'Knowledge Is Good. 이 말이, 혁신의 세계에서는 오히려 지식은 종종 치명적인 독으로 작용한다고 한다. 혁신을 위해 구성된 팀은 신속한 의사결정과 안정적 일처리를 위해 '이미 아는 것'과 '여기서 원래 하던 방식'에 의존하게 된다.

하지만 혁신적인 변화를 위해서는 기존에 익숙해 있던 업무프로세스를 해체해서 들여다보고, 당연하게 여겨왔던 생각들을 뒤집어 생각하고, 금기시돼 왔던 일들을 시도해야 한다.

따라서 기업 내 다른 부서 직원이나 외부 컨설턴트를 통해 무중력사고자를 조달해 투입할 필요가 있다. 때로는 경쟁관계에 있지 않은 다른 기업과 인재 맞교환 정책으로 무중력사고자를 조달할 수도 있다.

이상적인 무중력사고자로는 아웃사이더로서 중립적 관찰자의 입장을 견지하고 허심탄회한 태도를 유지할 수 있는 사람, 그리고 다양한 관심 분야와 폭넓은 경험을 갖춘, 당면 과제에 직결된 분야는 아니지만 어느 정도 관련성 있는 분야에 대한 전문성을 갖춘 사람이 요구된다.

이렇게 영입한 무중력사고자들은 조직 내 관행과 고정관념과 싸워 나감으로써 새로운 방식으로 문제에 접근하고, 새로운 가능성을 발견하도록 돕게 된다.


### 인종주의 편견과 차별
### 푸른 눈·갈색 눈 실험

1968년 마틴 루터 킹 목사가 암살당한 날, 미국 아이오와주 라이스빌의 초등학교 교사였던 제인 엘리엇은 결심한다. 학생들에게 인종주의가 어떤 것인지 확실히 가르쳐 주어야겠다고. 그리고 다음날 교실에서 '푸른 눈·갈색 눈 차별 실험'을 감행한다.

"우리는 눈 색깔로 사람을 판단할 거야. 오늘은 갈색 눈 학생들이 서열이 높은 거야."

이 실험은 순전히 눈 색깔을 근거로 참가자들을 열등한 자와 우월한 자로 분류하고 한쪽 그룹을 소수자가 되는 체험에 노출시킨다. 곧바로 초등학교 3학년 교실은 인종차별, 성차별, 노인 차별, 동성애 혐오 등이 난무하는 우리 사회의 축소판이 됐다.

갈색 눈은 태연하게 푸른 눈을 차별했고, 푸른 눈은 분노하고 좌절하고 저항했다. 어린 아이들을 통한 이 실험은 우리의 인종적 차별이 얼마나 근거 없는지, 차별은 어떻게 인간성을 파괴할 수 있는지를 보여주게 됐다.


**편견은
생존기술**


"인간의 뇌는 타인을 공격하면서 쾌감을 느끼도록 프로그래밍돼 있다."

인간의 뇌·행동·심리를 연구해온 뇌과학자 나카노 노부코는 '차별과 혐오를 즐기는 것은 종種으로 존속하기 위한 인간의 본능'이라고 말한다. 차별은 아주 평범하고 일상적으로 벌어지며, 개인의 개성과 자유보다 집단의 단결을 중시하는 문화는 이를 강화시킨다고 했다.

사실 편견은 인간이 가지고 있는 생존기술이다. 어떤 위험하거나 모호한 자극에 대해 무의식적이고 빠르게 반사적으로 반응하는 사고와 행동은 생존에 매우 중요하다. 비록 해당 자극이 위험하지 않았다는 결론이 날지라도 우선은 피하는 행동을 하는 것이 생존확률을 높일 수 있다.

이러한 편견은 사회적 맥락에서 내가 느끼는 소속감이나 친밀감에 따라 '우리' 혹은 '내집단'in-group과 '그들' 혹은 '외집단'out-group으로 사람이나 집단을 구분하고 그에 따라 다르게 행동하는 양상으로 나타난다.

오랜 과거에는 이러한 빠른 범주화가 유용한 생존전략이었을 수도 있었으나 지금은 아니다. 내재하는 선입견이나 편견은 어쩔 수 없으나 이러한 순간적인 판단을 보류하고 선입견이나 편견 없는 태도와 행동을 지향하는 것이 우리의 책임이다.

# 매몰비용의 오류

Sunk Cost Fallacy

버릴 때마다 돈을 번다고 생각하면

마음이 편하다.

현재 진행하고 있는 일을 계속할 경우 미래에 발생할 이득이 크지 않
거나 오히려 손실이 발생할 것을 알고 있음에도 과거에 투자한 비용
이 아까워 일을 중단하지 못하는 일련의 행동.

1962년에 영국과 프랑스가 개발에 착수한 초음속비행기 콩코드 여객기는 약 10억 달러의 막대한 비용이 투자됐다. 개발 도중 세계적 불황, 오일쇼크로 경제성이나 수익성에 문제가 있음이 발견됐으나 영국과 프랑스는 이미 투자해놓은 자금이 아까워 무리한 개발과 운항을 시도했다.

도중에 포기할 경우 정부는 자존심에 상처를 받고 실패를 인정해야 했다. 1976년부터 유럽과 미국을 연결하는 가장 빠른 비행기라는 명성은 얻었으나, 만성적자가 눈덩이처럼 불어 결국 2003년 운항을 중단해 역사 속으로 사라졌다. 매몰비용의 오류의 대표적 사례가 됨으로써 이러한 오류를 '콩코드오류'라 부르게 됐다.

이미 진행 중인 일을 중단할 경우 이제껏 투자해 온 금전적 및 시간적 비용들은 모두 가치가 없는 매몰비용이 된다. 사람들은 대부분 이익보다 손실에 더 민감하게 반응하는 '손실기피'Loss Aversion 성향을 가지고 있기 때문에 일을 계속할 경우 더 많은 손해가 예상됨에도 중단하지 못한다.

어느 기업이 사업을 추진하는 과정에서 미래 수익에 중대한 영향을 미치는 새로운 문제가 생겼다면 이성적으로는 앞으로의 득과 실을 재검토해야 할 것이다. 그러나 매몰비용의 오류에 빠지게 되면 이미 투자한 자금 때문에 무리하게 사업을 추진하고 결국 기업은 더 큰 손실을 초래할 수 있다.


**재미없는 영화에**
**시간을 낭비하지 마라**


　대규모 프로젝트 책임자의 경우 '콩코드오류'에 빠지기 쉬우며, 기업의 전사적인 중요한 프로젝트로 막대한 예산이 투입된 경우 더더욱 확증편향이 극심해 진다. 종종 효과 없는 광고 캠페인이나 마케팅을 오랜 기간 동안 투자한 비용이 아까워 계속 진행한다.

　20세기 카메라필름의 대명사 코닥의 경우, 과거 필름시장에서의 명성과 투자, 노력이 아까워 디지털카메라로의 변화에 대응하지 못하고 결국 시장으로부터 외면당하게 됐다. 매몰비용의 오류는 비단 기업만의 문제가 아니다. 국가적으로는 미국이 베트남전쟁에서 쉽게 빠져 나올 수 없었던 이유가 바로 매몰비용의 오류다.

　기업이 매몰비용의 오류, 콩코드오류에 빠지지 않으려면

프로젝트 목적이 현재도 유효한가, 투입 비용보다 추후 가져올 효과가 높은지, 그리고 성공에 대한 가능성을 지속적으로 점검하는 것이 필요하다.

매몰비용의 오류는 기업뿐 아니라 우리 주위의 실생활에서도 종종 일어난다. 재미없는 영화를 티켓 값이 아까워 끝까지 참고 본다든지, 반토막 난 펀드를 그간의 손해가 아까워 그냥 가지고 있다든지, 값비싼 구두를 신으면 뒤꿈치가 까져도 버리지 못한다든지, 맛이 살짝 간 음식들을 아깝다며 버리지 않고 먹는 것이 그렇다.


**버려야**
**번다**


투자 금액이 많을수록 더 쉽게 발생하는 콩코드 오류이기에 지나온 인생을 열심히 살아온 사람일수록, 그리고 꿈과 욕망이 클수록 이러한 오류에 빠질 위험이 있다. 때로는 인생의 터닝포인트에서 빠른 포기가 훗날 성공과 행복의 지름길이 될 수도 있다는 점을 유념해야 한다. 자신의 오류와 실패를 인정하기는 너무도 고통스럽다.

그러나 합리적인 의사결정을 위해서라면 이미 지출돼 회

수 할 수 없는 비용은 무시해야 한다. 지금까지 얼마를 투자했는가, 얼마나 노력을 기울였는가와는 상관없이 현재의 상황과 미래에 대한 객관적인 전망에 기초해 판단을 내리는 것이 중요하다.

우리가 버리지 못하는 미련들에는 그간 그것을 이루기 위해 들어간 노력과 열정, 그리고 비용을 생각하면 그럴 수 있다.

하지만 미래의 손실이 불가피한 문제에 대해 자존심과 체면치레로 옛것을 버리지 못하고 미련을 두기보다는 버릴 때마다 돈을 번다고 생각하면 마음이 편하다.

# 정보편향

Information Bias

우리는 새로운 아이템을 만들 때 설문조사를 하지 않는다.
사람들은 설문조사에서 거짓말을 한다.
고객들은 자신이 무엇을 원하는지 모른다.

_스티브 잡스

너무 많은 정보가 의사결정에 오히려 혼란과 방해를 줄 수 있음에도
정보가 많을수록 의사결정에 도움이 될 거라는 착각을 뜻한다.

## 무시할 데이터를
## 고르는 법

폴 슬로빅Paul Slovic 오리건대 교수가 경마 전문가들을 대상으로 한 실험을 보자. 말의 경주 능력과 관련된 정보 가운데 5개, 10개, 20개, 30개 식으로 제공하는 정보의 숫자를 변화시켜가면서 말의 경주 능력을 예측하게 했다. 결과는 몇 개의 변수를 참고했는지와 상관없이 위원들의 예측 정확도는 동일했다.

마케터들은 과거 어느 때보다 많은 데이터에 접근할 수 있다. 정보가 있으니 그것을 활용해야 한다는 압력을 스스로 느낀다. 하지만 슬로빅의 실험은 우리가 단지 데이터를 이용할 수 있다는 이유만으로 데이터를 이용해서는 안 된다는 것이다.

많은 데이터 중에는 실제로 중요하지 않으나 자신의 확증편향을 뒷받침해주는, 잘못된 의사결정을 합리화하는 데 사용될 무용한 데이터가 있을 수 있다. 활용할 데이터를 고르는 데 노력하는 만큼 무시할 데이터를 고르는 데도 많은 시간을 투자할 필요가 있다.

## 너무 많은 정보는
## 혁신에 장애다

소화전 사진을 형체를 알아볼 수 없게 희미한 사진부터 매우 선명하게까지 10단계로 인화해 한 집단에게는 단계별로 10장의 사진을 흐린 사진부터 차례대로 보여주고, 다른 한 집단에게는 5단계로 단순화해 5장의 사진을 흐린 순서대로 보여주었다.

5단계로 단순화해 절반의 정보를 접한 사람들이 사진 속 물체가 소화전임을 더 빨리 인식했다. 10장의 사진을 단계별로 주어진 사람들은 기존에 품었던 가정이나 생각들이 사진속의 물체가 소화전임을 인식하는 데 오히려 방해가 된 것이었다.

이처럼 많은 정보는 오히려 신속한 의사결정이나 혁신에 장애가 되는 경우가 많다.


## '귀납법의 오류'에
## 빠진 칠면조

1:1 축적의 실제와 똑같은 지도가 있다면 지도로서의 가치가 없는 것처럼 너무 많은 정보는 의사결정의 질을 높여

주는 데 도움이 되지 못한다.

각종 매체를 통한 뉴스, 인터넷, 유튜브, SNS 등을 통한 시시콜콜한 지식과 정보는 올바른 판단에 도움이 되지 않거나 오히려 유해하기까지 하다. 정보는 무조건 많을수록 좋다고 할 수 없다.

디지털시대, 데이터 저장 비용이 하락하면서 과거와는 비교할 수 없을 정도의 엄청난 양의 정보가 실시간으로 수집되고 축적된다. 우리는 간편한 디바이스에 구현된 막강한 섬색 기능을 통해 과거에는 상상하지 못할 정도로 많은 정보를 검색하고 활용할 수 있다.

검색하면 뭐든지 찾을 수 있는 시대가 됐으나 사람들은 정작 사유思惟가 부족한 시대를 살고 있다. 생각에도 소유효과가 있어 한번 품었던 자신의 생각을 버리고 새로운 정보를 수용하는 것을 매우 아까워한다.

그러나 그 많은 정보 가운데 상당 부분은 '귀납법의 오류'에 빠진 칠면조같이 도움이 되지 않는다. 크리스마스 상차림으로 오를 칠면조에게 지난 1년 중 364일간 주인이 자신에게 애정을 가지고 먹을 것을 주며 잘해주었던 정보는 성탄절이 되면서 비로소 헛된 정보로 판명되는 것이다.

사람들은 자신의 주장이나 이론에 부합되는 과거 사례만
증거로 제시하고 활용하는 확증편향을 가지고 있기 때문에
수집되는 많은 정보 자체가 이미 이런 필터링을 거친 편향
된 정보일 가능성이 높다.

자신의 평가나 자신의 신념에 일치하는 유리한 정보는 확
대재생산 하고 자신에게 부정적인 영향을 미치는 정보는
축소하고 침묵한다.

부하직원들도 동일한 편향에 빠질 수 있으므로 조직에서
의 리더도 이러한 위험을 경계해야 한다.

당신이 CEO라면 상품개발부장으로부터 경쟁사의 상품
이 고객으로부터 선풍적인 반응을 얻고 있다는 정보를 접
하기는 매우 힘들다. 반대로 경쟁사 상품이 부정적인 논
란에 휩싸이거나 소비자로부터 악평이 쏟아지게 되면 이
는 당신 회사의 상품개발부장으로부터 즉시 보고받을 가
능성이 높다.

# 빅데이터,
# 대량살상무기가 될 수 있다

2002년 개봉된 영화 〈머니볼〉은 미국 메이저리그의 오클랜드 애슬레틱스팀의 단장 빌리 빈이 출루율에 중점을 둔 선수 기용 등 빅데이터Big data 분석을 야구에 적용함으로써 팀을 우승으로 이끈 이야기를 다룬다. 어느 때부터인가 빅데이터 분석은 의사결정 과정에서 유용한 수단으로 자리 잡게 됐다.

그러나 우리가 흔히 빠지는 오류 중 하나가 바로 "빅데이터 분석 결과" 또는 "통계분석 결과"라는 말에 무장해제 당한다는 것이다. 물론 빅데이터 분석을 통한 통계적 모델링이 인간의 전문성을 능가하는 경우가 많다.

프린스턴 출신 와인애호가 올리 아센펠터Orley Ashenfelter가 와인의 품질과 가치를 예측하는 것이 고도의 전문가의 역량으로 여겨지던 시대에 여름포도 성장기의 평균온도, 수확기의 강우량, 전년도 겨울 강수량 등의 데이터를 바탕으로 와인 가격을 예측하는 공식을 만들었고, 그 예측과 실제 가격의 상관관계는 0.90을 넘음으로써 통계가 전문가를 능가한다는 것을 증명하기도 했다.

그러나 데이터에 기반한 알고리즘의 중요성에도 도덕적

판단은 여전히 인간의 영역임에 틀림없다.

수학자이자 빅데이터 전문가인 캐시 오닐은 《대량살상 수학무기》를 통해 빅데이터가 인류의 불평등을 확산하고 민주주의를 위협하는 대량살상무기가 될 위험성을 경고한다.

알고리즘의 의사결정 과정은 수학과 IT기술로 숨겨져 있어 일반인이 이해하기 힘들다. 즉, 극소수의 수학자와 컴퓨터 과학자들을 제외하고는 그 누구도 내부의 작동 방식을 알 수 없다.

내용을 알 수 없는 모형 덕분에 어떤 학생은 잠재력을 인정받아 하버드대에 진학하고 누군가는 저금리 대출을 받거나 좋은 직장을 구하기도 하는 한편, 탐욕스러운 기업이 빅데이터를 만나면 그 부작용은 대량살상무기가 된다고 경고한다.

**빅데이터의
역습**

빅데이터는 금융과 수학의 결탁해 금융위기를 불러오거나 2류 시사주간지의 대학 줄 세우기 평가에 학교마다 명문대 만들기 프로젝트에 몰입하게 함으로써 그 결과 미국

대학 등록금이 비싸지는 부작용을 발생시켜 모두를 피해자로 만들기도 한다.

생산성을 점수화하기 위한 시도들로 알고리즘의 노예가 된 노동자들은 인간이 아닌 하나의 부속품이 되기도 한다. 인간의 모든 면이 신용점수로 이어져 취업도 대출도 사랑도 신용평가점수가 결정하는 시대를 저자 캐시 오닐은 우려했다.

《사피엔스》의 저자 유발 하라리는 "21세기 인본주의시대에는 인간의 감정이 최고의 권위를 누렸지만, 미래에는 알고리즘이 우리 삶을 지배할 것"이라고 예측했다.

빅데이터는 방대한 양의 데이터를 논리적이고 합리적인 알고리즘으로 계산해 인간이 인지하지 못하는 질서와 규칙을 찾아낸다. 따라서 빅데이터 모형은 편견에 사로잡힌 인간보다 공정하며 개인의 권리와 이익을 보호한다고 알려져 있다. 하지만 현실에서는 정부, 기업, 사회에 도입된 데이터 기반의 알고리즘 모형들은 불평등을 확대하고 민주주의를 위협하고 있다고 캐시 오닐은 주장한다.

## 고객은 자신이 무엇을
## 원하는지 모른다

  기업이 의사결정을 위해 활용하는 정보의 하나로 고객을 대상으로 한 설문조사가 있다. 그러나 설문조사를 통한 데이터 역시 고객의 정확한 실태를 반영하지 못하는 경우가 많다. 영국에서 실시되는 '성적 태도와 생활 양식에 대한 전국 조사'NATSAL, National Survey of Sexual Attitudes and Lifestyle를 보면 그렇다.

  2010년 조사 결과, 영국 여성은 평균 섹스파트너 수가 8명이라고 응답한 반면, 남자는 평균 12명이라고 응답했다. 남녀 모두가 진실을 말하고 있다면 논리적으로 남녀의 평균이 일치해야 하지만 50퍼센트의 차이가 나는 것이다. 20년 전인 1990년 같은 조사에서는 남성은 여성보다 섹스파트너가 2배 더 많다고 주장한 바 있으니 시간이 지나면서 차이가 줄어들긴 했다.

  이러한 설문결과로 볼 때 남자는 여성편력을 과장하고 여성은 남성편력을 축소하려는 경향이 있음을 알 수 있다. 소비자조사를 통한 통계를 액면 그대로 믿어서는 안 되는 이유다. 스티브 잡스는 말했다.

  "우리는 새로운 아이템을 만들 때 설문조사를 하지 않는다. 사람들은 설문조사에서 거짓말을 한다. 고객은 자신이 무엇을 원하는지 모른다."

설문조사를 통해서는 아이폰 같은 혁신제품을 만들 수 없다는 것이다.

## 거짓말
## 3단계

A라는 광고를 론칭한 후 상품 판매 실적이 높아졌다. 광고부에서는 이를 광고효과로 분석하고, 영업부서에서는 이를 영업추진의 성과로, 상품개발부에서는 좋은 상품을 만들어낸 성과로 분석한다. 기업 전체의 투자비용 대비 성과로 분석하지 않고 개별 조직의 비용 대비 성과로 과시하는 경우 전투에는 승리했다고 여기저기서 보고가 들어오는데 전쟁에서는 이긴 것이 아닌 것과 같은 상황을 종종 마주친다. 그래서 세상에는 세 가지의 거짓말이 있다.

[1] 거짓말

[2] 나쁜 거짓말

[3] 통계

밑에서 올라오는 데이터 분석과 통계에 현혹되지 마라. 아전인수식 억지 인과관계 해석의 유혹에 비굴해지지 마라.

# 단순노출효과

Mere Exposure Effect

여덟시 통근길에 대머리 총각,

오늘도 만나려나 떨리는 마음

_진원 작사, 정민선 작곡, 김상희 노래

어떤 대상을 자주 접할수록 인지적 편안함과 낯익은 친근감에 그 대
상을 보다 매력적이고 긍정적이고 우호적으로 평가하게 되는 현상.

로버트 자욘츠Robert Zajonc의 1968년 실험을 보자.

의미 없는 철자로 구성된 12개의 단어를 피실험자들에 제시했는데 피실험자들은 많이 노출된, 즉 많이 본 단어에 긍정적인 의미를 부여하는 경향이 나타났다. 이 실험은 우리가 어떤 대상을 자주 접할수록 그 대상을 보다 매력적이고 긍정적이며 우호적으로 평가한다는 것을 보여준다.

이러한 현상이 나타나는 배경에는 모든 동물이 위협적인 환경에서 생존하면서 새롭고 낯선 자극에 대해서는 두려움과 경계심을 보이고, 그러지 않으면 도태될 확률이 높은 운명에 처하는 데서 비롯됐다. 반복적 자극 후에도 나쁜 일이 일어나지 않는다면 그 자극은 안전한 것으로, 안전한 것은 인지적 편안함을 주며 좋은 것으로 인식되는 것이다.

이러한 '단순노출효과'Mere Exposure Effect는 '에펠탑효과'Eiffel Tower Effect라고도 불린다. 1889년 프랑스혁명 100주년 기념 및 파리만국박람회 개최에 맞춰 알렉상드르 귀스타브 에펠에 의해 에펠탑이 건설됐을 당시 파리시민으로부터 혐오의 대상으로 배척돼 20년 후에는 철거를 약속하고 남겨졌으나 이 탑을 매일 보게 된 파리시민들의 탑에 대한 호감도가 점차 증가돼 오늘날 파리의 명물로 사랑받게 되면서 붙여진 이름이다.

자기 사진은 늘 잘못 나온 것처럼 보인다. 이때 사진을 좌우 반전시키면 마음에 들 가능성이 높다. 이는 이미지가 매일 거울에서 본 자신의 얼굴과 동일하므로 더 예쁘게 보이는 현상이다. 아마도 상대방은 카메라와 같은 시선으로 보기 때문에 반대의 얼굴을 선호할 가능성이 높다.

매스미디어 광고, PPLProduct Placement 등의 유효성도 역시 단순 노출효과를 기대하는 것이다. 자주 노출될수록 기업의 브랜드에 대한 선호도는 높아진다. 간접광고의 일종인 PPL 역시 TV나 영화 속에서 특정기업의 제품이나 브랜드 등을 노출시킴으로서 부지불식간에 제품의 인지도와 선호도를 높이는 방식이다. 광고활동에 있어서 브랜드 이미지의 일관성을 중요시 하는 것도 같은 맥락이다. 좋은 이야기를 다 하면 고객은 아무것도 머리에 남기지 못한다. 유명한 맛집 식당이 무슨 음식이든 다 맛있는 것이 아니라 맛있는 메뉴 한 가지로 승부를 거는 것과 마찬가지라 하겠다. 사람들이 거짓말을 믿게끔 하는 가장 좋은 방법은 그 거짓말을 주기적으로 반복하는 것이다. 낯익음은 진실과 쉽게 구분되지 않는다. 마케터들은 이 부분을 명심해야 한다.

인지적 편안함cognitive ease이 주는 효과는 여러 사례에서 나타난다. 발음이 쉬운 이름을 가진 회사의 주식은 주식 발행 첫 주간 발음이 어려운 기업보다 주가가 많이 오른다. 단장한 서체로 쓴 문서는 더욱 신뢰 받는다. 반대로 복잡한 문장, 희미한 인쇄로 인지적인 불안감을 준다면 신뢰감은 저하된다. 인지적 편안함 또는 긴장감에 따라 착각과 편향이 생길 위험이 있다는 말이 된다.

편향에 빠지지 않기 위해서는 주의할 사항도 있다. 폰트가 낯설다고 해서 부하직원들이 올린 결재문서를 무시하지 말라. 또한 우리는 자주 반복해 접하는 것을 믿는 경향이 있으므로 익숙해서 당연해 보이는 것이 반드시 당연한가 질문해 보는 습관을 리더는 가져야 한다.


## 자세히 보아야
## 예쁘다

재미있는 인생을 위해서는 익숙함과 의도적으로 결별할 필요가 있다. 세상에서 너무 안전한 것을 찾아 안주할 필요는 없다. 하지만 색다른 도전이 아니더라도 당신에게 익숙한 소소한 일상에서 마음의 안정과 행복을 찾는 것도 나름 가성비가 높은 행복해지는 방법이다. 클래식 음악과 함께 하는 아침의 커피, 마음에 드는 만년필로 하루를 마감하며 쓰는 일기, 고양이를 쓰다듬는 것 모두 일상에서 작은 행복감을 주기에 충분하다. 행복을 느끼기 위해 굳이 험지를 여행할 필요가 없다.

자세히 보아야 예쁘다.
오래 보아야 사랑스럽다.
니도 그렇다.
_나태주 시 〈풀꽃〉

올해로 26년째 오래 오래 보아온 아내가 난 사랑스럽다.

# 모호성의 회피

Ambiguity Aversion

의사의 각종 검사나 진단 결과,

어떤 질병인지를 모를 때 가장 큰 공포를 느낀다.

우리는 어떤 확률의 위험보다는 불확실성, 모호함을 기피하는 성향이 있다. 반대로 불확실성과 모호함보다는 차라리 어떤 확률의 위험을 선호하는 경향을 보인다. 이 부문을 연구한 경제학자 대니얼 엘스버그의 이름을 따 '엘스버그의 역설'Ellsberg Paradox이라고도 부른다. 엘스버그는 1962년 하버드대 경제학 박사 논문 〈Risk, Ambiguity and Decision〉에서 예상치 못한 시장의 충격에 대한 위험 회피를 설명하는 '모호성 기피'ambiguity aversion라는 개념을 내놓는다. 그는 투자자가 위험뿐 아니라 모호성도 회피하는 성향을 나타낸다고 진단한다.

## 모를 때
## 가장 무섭다

항아리 A에는 검정 공 50개, 흰 공 50개 총 100개의 공이 들어가 있다. 항아리 B에는 흰 공과 검정 공을 합해 100개가 들어 있는데 각각 몇 개인지는 모른다.

[질문1] 공 한 개를 꺼냈는데 흰 공이 나온다면 10만 원을 받는다. 어느 항아리를 선택하겠는가? 이 질문에 대부분 A항아리를 선택한다.

[질문2] 이번엔 공 한 개를 꺼냈는데 흰 공 대신 검정 공이 나온다면 10만 원을 받는다. 어떤 항아리를 선택하겠는가? 많은 사람이 이 역시 A항아리를 선택하는 것으로 나타났다.

이는 전혀 논리적이지 않다. 첫 번째 질문에서 A를 선택했다는 것은 A가 흰 공이 나올 확률이 높았다고 생각했다는 것인데 두 번째 질문인 검정 공에도 A를 선택했다는 것은 모순이 아닐 수 없다. 항아리A의 경우 검정 또는 흰 공을 뽑을 확률은 각각 50퍼센트라는 것을 알고 있다. 그러나 항아리B의 경우에는 그 확률조차 모른다. 이렇듯 우리는 모호함에 도전하기보다는 확률을 아는 경우를 선택한다.

실생활에서도 몇 가지 모호성 회피적인 행동을 관찰할 수 있다. 주식 시장에서 정확한 정보가 없을 때 사람들이 거래하기 꺼려하는 것을 볼 수 있다. 아파서 응급실을 찾았는데 의사의 각종 검사나 진단 결과 어떤 질병인지를 모를 때 사람들은 가장 큰 공포를 느낀다. 어떤 치료법의 효과와 그 부작용의 확률 등이 정확하게 확인되지 않았을 때 그 치료법의 사용을 피하는 경우도 그런 예로 볼 수 있다.

# 제로리스크편향

Zero Risk Bias

너무 맑은 물에는 물고기가 살지 못한다.

사람들은 위험성을 제로로 만들기 위해 필요 이상의 많은 노력과 비
용을 지불한다.

[1] 6개의 탄환을 장전할 수 있는 리볼빙 권총에 4개의 총 알이 장전돼 있다고 치자. 당신은 러시안룰렛게임을 해야 하는 운명에 처해 있다. 당신이 이 가운데 2개의 총알을 제 거할 수 있다면 그 대가로 얼마를 지불할 용의가 있는가?

[2] 이번에는 같은 총에 총알이 단 한 개가 장착돼 있다. 이 한 개를 제거하는 데 얼마의 비용을 지불할 용의가 있는가?

[1]의 경우에는 4/6의 죽을 확률을 2/6로 만들어주므로 2/6의 확률을 감소시켜 주는 효과가 있다. [2]의 경우에는 1/6의 죽을 확률을 0으로 만들어주는 것이므로 1/6의 사 망위험 제거 효과가 있다. 사망 위험의 제거 측면에서만 볼 때 [1]의 가치가 [2]보다 두 배 더 높다. 하지만 대부분 [2]에 더 많은 비용을 지불할 가능성이 높다.

[1]의 경우에는 어찌했든 죽을 확률이 남아 있지만 [2]의 경우에는 사망 확률이 0이 되기 때문에 비싼 돈을 지불할 가치가 충분히 있다고 생각하는 것이다.

유사한 질문으로 10kg의 쓰레기로 가득찬 방에서 3kg의 쓰레기를 치우도록 요청하는 경우, 즉 아직 7kg의 쓰레기를 방에 남기는 경우와, 3kg 분량의 쓰레기가 있는 방에서 3kg 쓰레기 전량을 치워 완벽하게 깨끗한 방으로 만드는 경우가 있다고 치자. 당신이 집주인이라면 두 가지 작업에 지불되는 비용을 동일하게 지불할 것인가? 혹은 당신이 청소원이라면 두 가지 작업의 비용을 동일하게 요구할 것인가? 사람들은 같은 3kg의 쓰레기 제거 작업이라도 후자의 작업에 더 많은 비용을 지불하거나 청구할 가치가 있다고 생각할 개연성이 높다.

## 문과적
## 위험

1990년대 초반으로 기억되는데 한때 기업에서 무결점Zero Defect운동이 유행처럼 번진 적이 있었다. ZD운동은 1960년대에 미국기업이 미사일의 납기단축을 위해 '처음부터 완전한 제품'을 만들자는 운동을 벌인 것이 계기가 돼 급속히 보급됐다. ZD의 최대의 특색은 이름 그대로 결점을 제로로 하자는 것. QC품질관리기법을 제조 쪽에만 한정하지 않고 일반관리 사무나 서비스까지 확장해 전사적으로 결점이 없는 완벽한 생산 및 서비스를 표방했다. 기업에서는 품질 관리에 대한 경영진의 의지, 과감하고 혁신적인 도전이란 선언적 측면에서 의미는 있을 수 있으나 너무 집착하게 되면, 특히 인간관계에서는 큰 부작용을 나을 수 있다. 이과적으로는 의미가 있지만 문과적으로는 위험한 경우가 많다.

우주선을 쏘아 올리는 문제에서는 중요하지만 신사업을 추진하거나 의사결정을 하는 데는 위험하다. 사소한 부품 하나로 우주선이 공중에서 폭발해서는 안 되지만 금융기관이 단 한 건의 부실도 용납하지 않겠다고 각오하면 누구에게도 대출해 줄 수 없고 수익은 제로가 되고 말 것이다.

극단적인 예로, 교통사고 제로를 만들기 위해 차량의 최고 운행속도를 시속 0km로 규제하는 경우 이때 달성하는 교통사고 사망자수 제로는 의미가 있는 것일까? 바이러스, 또는 미세먼지로 인한 호흡기 질병을 100퍼센트 예방하기 위해 방독면과 방독장비를 착용하고 출근하는 것은 과연 다른 부작용은 없을까?

## 기나라
## 사람들

"제로리스크편향은 하나의 위험을 떨쳐버렸다고 안심하고 기뻐하는 사이 다른 위험을 까맣게 잊게 만든다"는 말이 있다. 단 하나의 실수도 용납하지 않는 조직문화에서 창의와 혁신이 일어날 수 없듯이 단 하나의 실망과 상처도 용납하지 않겠다는 인간관계에서는 행복이 존재할 수 없다.

부하직원의 실수를, 동료직원의 배신을, 상사의 무시를 너무 집착해 마음에 담고 원망하지 않아야 할 이유다. 단 한 건의 상처도 용납하지 않겠다는 자세는 주위 사람들을 멀리 도망가게 만든다. 주위에 아무도 없다면 더 큰 상실감을 느끼게 될 것이다.

사고가 무서워 절대 비행기를 타지 않음으로써 여행의 기쁨을 누리지 못하는 사람, 늙어서 관절염이 우려돼 지금 튼튼한 무릎을 가지고 있음에도 트레킹이나 달리기 등과는 담을 쌓고 전혀 운동하지 않는 사람. 상처가 두려워서 사람을 만나지 못하는 사람과 본질적으로 같다.

우리는 이런 경우를 '기우'杞憂라고 말한다. 하늘이 무너질까 걱정하는 기杞나라 사람들.

## 완벽한 인간은
## 없다

100퍼센트 안전한 것이란 없다. 100퍼센트 안전한 것이 란 의미가 없다. 행복을 위해서는 제로 리스크에 도달할 수 있을 거라는 환상을 버리는 편이 마음 편하다. 어느 위인 이 됐든 동서고금을 통해 100퍼센트 무결점의 완벽한 인 간을 알지 못한다.

흑인 인권운동가로서의 마틴 루터 킹, 비폭력 저항 운동 가 간디를 존경하는 것으로 우리는 충분하다. 그들이 이룬 인권운동의 업적을 무시하고 굳이 여성편력 문제의 관점 에서만 그들을 본다면 우리는 세계평화를 도모한 위인을 잃게 된다.

배우자든 자녀든 완벽하지 않다. 그런 사람 찾지도 말고, 스스로도 너무 완벽하려고 좌불안석 하지 않는 편이 좋다. 우리는 외부의 환경을 완벽하게 통제할 힘이 없으므로 어 느 경우에도 완벽한 행복을 보장할 수 없다. 우리 자신의 의 지가 중요하다. 어떤 사람은 어떤 일이 일어나도 늘 행복하 고, 어떤 사람은 어떤 일이 일어나도 늘 불행하다. 대충 체 념하고 사는 것이 행복하다.

대학을 졸업하고 설레는 마음으로 첫 발을 내딛었던 직장
에서 어느덧 31년간의 긴 여정을 마치고 2019년 6월, 새로
운 세상을 향해 또 다른 발걸음을 내딛게 됐습니다.

직장에서의 삼십 년 생활은 제가 가장으로서 한 가정을
꾸리고 가족을 부양할 수 있는 경제적인 토대가 돼 주었
고, 업무를 통한 전문적인 지식을 키우고 다양한 경험을 통
해 삶을 좀 더 넓고 깊게 볼 수 있는 성숙한 인간으로 만들
어 주었습니다. 또한, 타인을 공정하게 바라볼 수 있는 시
각과 함께 스스로를 객관적이고 겸허하게 바라볼 수 있게
되었으니, 참 고맙고 은혜로운 일이 아닐 수 없습니다. 그
간 저를 품어준 신한은행이라는 따뜻한 조직에 깊은 감사
를 드립니다.

저는 개인적으로 남에게 나서서 충고나 조언하기를 꺼려
하는 성격이며, 아마도 그래서 저 또한 타인으로부터의 충
고나 조언을 받는 것이 편하지만은 않습니다.

친구에게 마음에서 우러나오는 거짓 없는 충고나 조언을
하려면 그와의 의절을 감수하지 않고는 하기 어려운 것이
사실입니다. 직장에서도 마찬가지입니다. 이미 스스로 부
양가족을 거느리고 있는 부하직원들에 대한 충고는 꼰대

라는 오명만 얻게 되는 부작용이 있습니다. 더구나 상사에 대해 충고나 조언을 한다는 것은 다음 해 계약 연장을 포기하지 않고는 할 수 없는 일일 것입니다.

그런데 인간에게 있어 남에게 충고나 조언을 하고픈 본능은 좀처럼 억제하기 힘든가 봅니다. 어쩌면 그래서 저 역시도 이 책을 썼을지 모릅니다. 좀 더 솔직히 말하면 이 책은 제가 이 책의 내용대로 하지 못했다는 반성문이자 고백록이기도 합니다.

저의 지난 팀장, 또는 부장 시절 저와 함께 하면서 어쩌면 실망도 하고 때로는 상처도 받았을 많은 팀원에게 용서를 구해봅니다. 만일 그들이 이 책을 읽게 된다면 그때 책의 내용처럼 진작 잘하지 하는 아쉬움을 가질 수도 있을 것입니다.

이 책의 독자 여러분은 이러한 저의 반성문을 읽어보신 것으로 앞으로 저보다는 훨씬 나은 팀장과 부장이 되실 것이라고 믿습니다.

마지막으로, "경로를 이탈하였습니다"라는 외부의 목소리에 너무 민감해하거나 두려워하지 않기를 바랍니다. 경로는 다시 탐색되기 마련이고, 빠르고 편한 길을 놓치는 반대급부로 정감 어린 주변 경치를 감상할 기회를 주기도 하니까요. 때로는 길을 스스로 만들어 나갈 수도 있겠지요. 어찌

됐든 저는 앞으로 그렇게 살기로 다짐해 봅니다.

이 책이 나오기까지 도움을 주신 여러분, 그리고 오랜 세월을 거쳐 저와 함께 일하면서 늘 깨달음을 주신, 일일이 이름을 다 거명할 수 없는 많은 동료와 선후배 여러분께 깊이 감사드립니다.

마지막으로 저를 낳고 키워주신 부모님께, 그리고 어떠한 상황에서도 밝은 에너지로 저의 치어리더가 되어 주는 아름다운 와이프와 "아빠 같은 멋진 사람이 이미 품절돼 앞으로 결혼에는 관심이 없다"고 너스레를 떠는 사랑스러운 딸아이에게도 고마움을 전합니다.

# 《슬기로운 부장생활 1》에 소개된 심리법칙

**권위자편향** Authority Bias 권위자로부터의 지시나 명령이 윤리와 도덕, 자신의 신념과 생각에 반하는데도 비판 없이 복종하는 현상.

**악의 평범성** Banality of Evil 독일 정치철학자 한나 아렌트가 1963년 쓴 《예루살렘의 아이히만》에서 주장한 이론이다. 나치의 홀로코스트 같은 역사 속 잔악무도한 악행은 광신자나 반사회성 인격장애자들이 아니라 국가에 순응하며 성실하게 살아가는 평범한 사람들에 의해 행해진다고 주장하고, 이를 '악의 평범성'Banality of Evil이라고 칭했다.

**대비효과** Contrast Effect 같은 사건, 내용이라도 주변 상황이나 상대적 위치에 따라 느끼는 정도가 달라지는 경향을 말한다.

**사회적 검증** Social Proof 집단의 다수로부터 받는 심리적 압력 때문에 집단의 의견과 일치된 행동과 생각을 하거나 조화되는 방향으로 자신의 행동이나 생각을 바꾸는 현상을 말한다. 즉, 남들 하는 대로 따라하면 큰 탈 없다고 생각하는 현상이다. 유사한 의미로 '동조현상'이 있는데, 역시 집단의 압력에 개인이 태도와 행동을 바꾸는 현상이다.

**계획오류** Planning Fallacy 사람들이 특정 프로젝트를 수행할 때 최적의 상황만 감안하다 보니 어떤 작업의 완료일이나 예산을 과소하게 또는 낙관적으로 예측하는 등의 이유로 최종 결과가 원래 예상에서 크게 벗어나는 현상.

**주의력 착각** Illusion of Attention 관심 영역 밖에 있는 상황이나 사물에 대해서는 변하는 걸 알아차리지 못하는 현상. '변화맹'Change blindness, '무주의 맹시'Inattentional Blindness 등으로도 표현된다.

**현재유지편향** Status-quo Bias 여러 가지 선택 옵션이 있는 경우 사전에 설정된 초깃값에 의해 선택하는 경향. '초깃값효과'라고도 한다.

**행동편향** Action Bias 불분명한 상황에서 우리는 뭔가를 하고 싶은 충동을 느낀다. 그리고 나면 더 낫게 변한 것이 아무것도 없더라도 기분은 나아진다. 이렇듯 결과에 관계없이 무언가를 행하는 경우 그렇지 않은 경우보다 마음의 안정감을 얻는 성향을 '행동편향'이라 한다.

**감정휴리스틱** Affect Heuristic 사람들은 인간이 합리적이고 이성적으로 판단한다고 말하지만, 인간은 감정에 따라 판단하는 일이 많다. 폴 슬로빅Paul Slovic 등은 "감정이 여러 형태의 판단이나 의사결정에서 정신적 지름길로 작용한다"고 주장했다.

**이야기편향** Story Bias 인간은 천성적으로 이야기를 좋아하기에 짜임새를 잘 갖춘 이야기는 객관적인 사실이나 정보를 각색함으로써 합리적인 의사결정이나 선택을 방해한다. 흥미로운 이야기가 진실보다 큰 힘을 발휘하는 현상.

**프레이밍효과** Framing Effect 표현과 사고의 방식이 사람들의 믿음과 선호에 미치는 부당한 영향을 말하는 것으로 동일한 사안에 대해서도 어떻게 표현되느냐, 또는 어떤 관점에서 바라보느냐에 따라 전혀 다른 반응과 결론을 가져올 수 있다는 이론. '프레이밍'이란 사진 용어는 사진을 찍을 때 피사체를 파인더에 적절히 배치해 화면을 구성하는 것을 말하는데, 이에 따라 사진의 느낌과 구성이 달라지는 것처럼 프레이밍 효과란 사람들이 자신이 가진 생각의 틀Frame에 따라 동일한 사건도 다른 시각에서 보며, 달리 이해하고, 다른 결론을 내리는 것을 말한다.

**정박효과** Anchoring Effect 배가 닻을 내리면 움직이지 않는 것처럼 초기에 제시되는 숫자나 자극이 일종의 선입관으로 작용해 이후 판단에 영향을 주는 효과.

**집단사고** Groupthink 응집력 있는 집단들의 조직원들이 갈등을 최소화하며 의견의 일치를 유도해 비판적인 생각을 하지 않는 것을 뜻한다.

**분석마비** Analysis Paralysis 지나치게 분석하고 생각하는 나머지 이후의 행동이나 의사결정을 마비시켜 아무런 해결책이나 행동을 이끌어내지 못하는 현상.

**수다를 떠는 경향** Twaddle Tendency 자신이 잘 모르는 주제이거나 깊이 고민해 보지 않은 문제일 경우 머릿속에 명료하게 생각이 정리되지 않는다. 이 때 입으로 쏟아내는 어렵고 애매모호한 긴 말들은 부족한 지식과 얕은 생각을 은폐시킨다. 그러나 듣는 사람은 그 모호한 말이 유창하다는 이유로 그를 과대평가한다.

**평균값의 오류** The Problem with Averages 평균이라는 정보에 기대어 잘못된 의사결정을 하는 경우가 많다.

**확증편향** Confirmation Bias 자신의 신념과 부합되거나 일치하는 정보는 받아들이고, 그렇지 않은 정보에 대해서는 무시하는 사고방식. 자기가 보고 싶은 것만 보고 자기가 믿고 싶은 것만 믿는 현상이다.

**NIH증후군** Not Invented Here Syndrome 말 그대로 '여기서 개발된 것이 아니다'라는 의미다. 소속된 조직 내부에서 고안되거나 개발된 것이 아니라 외부에서 온 것이라면 무조건 인정하지 않는 경향. 제3자가 개발한 기술이나 연구 성과는 무작정 인정하지 않는 배타적 조직문화나 태도를 말한다.

**매몰비용의 오류** Sunk Cost Fallacy 현재 진행하고 있는 일을 계속할 경우 미래에 발생할 이득이 크지 않거나 오히려 손실이 발생할 것을 알고 있음에도 과거에 투자한 비용이 아까워 일을 중단하지 못하는 일련의 행동.

**정보편향** Information Bias 너무 많은 정보가 의사결정에 오히려 혼란과 방해를 줄 수 있음에도 정보가 많을수록 의사결정에 도움이 될 거라는 착각을 뜻한다.

**단순노출효과** Mere Exposure Effect 어떤 대상을 자주 접할수록 인지적 편안함과 낯익은 친근감에 그 대상을 보다 매력적이고 긍정적이고 우호적으로 평가하게 되는 현상.

**모호성의 회피** Ambiguity Aversion 우리는 어떤 확률의 위험보다는 불확실성, 모호함을 기피하는 성향이 있다. 반대로 불확실성과 모호함보다는 차라리 어떤 확률의 위험을 선호하는 경향을 보인다. 이 부문을 연구한 경제학자 대니얼 엘스버그의 이름을 따 '엘스버그의 역설'Ellsberg Paradox이라고도 부른다. 엘스버그는 1962년 하버드대 경제학 박사 논문 〈Risk, Ambiguity and Decision〉에서 예상치 못한 시장의 충격에 대한 위험 회피를 설명하는 '모호성 기피'ambiguity aversion라는 개념을 내놓는다. 그는 투자자가 위험뿐 아니라 모호성도 회피하는 성향을 나타낸다고 진단한다.

**제로리스크편향** Zero Risk Bias 사람들은 위험성을 제로로 만들기 위해 필요 이상의 많은 노력과 비용을 지불한다.

# 《슬기로운 부장생활 2》에 소개된 심리법칙

**거짓기억증후군** False Memory Syndrome 인간의 기억은 왜곡될 수 있을 뿐 아니라 한 인간의 두뇌 속에 완전히 잘못된 기억을 이식시킬 수도 있다.

**자아고갈** Ego Depletion 의지나 자제력을 유지하기 위한 노력에는 에너지가 소비되며 이러한 에너지는 한정적인 자원이어서 사용할수록 고갈된다. 단기 간에 생각을 열심히 하거나 너무 많은 결정을 내려야 했던 사람들은 마음이 지치지 않았던 사람들에 비해 얼음물 속에 손을 오래 담그고 있지 못한다. 한 가지 과업에 자제력을 사용했던 효과가 다른 과업에 영향을 주어 심리학자들 이 '자아고갈'이라고 부르는 현상이 일어난다.

**상호성의 법칙** Law of Reciprocality 상대가 호의를 베풀면 호의를 받은 사람 은 빚진 감정을 갖게 되고 나중에 다시 그 빚진 마음을 갚으려고 하는 인간의 심리를 '상호성의 법칙'이라고 한다.

**수면자효과** Sleeper Effect 시간이 지나가면서 습득한 정보에 대한 수용자 들의 태도 변화를 칭하며 수용자가 정보에 노출된 직후와 비교해 시간이 지 난 후 그 정보에 대한 태도가 변하는 경향을 말한다. 일반적으로는 신뢰성이 낮은 출처의 정보가 시간이 지나면서 그 설득력이 높아지는 현상을 말한다.

**고정행동유형** Fixed-Action Patterns 동물생태학에서 다양한 동물이 구애· 구혼 의식이나 교미의식 같은 일련의 행동에서 발견되는 규칙적이고 맹목적 이고 기계적인 행동양식.

**귀인오류** Fundamental Attribution Error '귀인오류' 또는 '기본귀인오류'란 타인의 행동 또는 문제 상황에 대한 이유를 환경적 요인이나 특수한 외부 요 인, 맥락에서 찾지 않고, 그 사람의 개인적인 성향이나 성격, 능력, 감정, 태도 등 그 사람의 내적 요인에서 찾으려는 경향을 말한다. 어떤 행동에는 사회구 조부터 개인의 기질까지 수많은 원인이 작동하는데 우리는 오로지 그 사람이 이상해서 그런 행동을 했다고 생각하는 오류.

**인과관계의 오류** Fallacy of Causality 단순한 상관관계를 보이는 사건이나 우 연히 벌어진 사건을 인과관계로 오해해 원인과 결과를 잘못 연결짓는 현상.

**현저성편향** Salience Bias 어떤 특징이 눈에 띈다는 이유로 원래 그것이 갖고 있는 의미보다 큰 의미를 부여하고 나아가 행위의 원인으로 여기게 되는 오류다. 눈에 띄는 정보들은 사람들의 사고에 과도하게 영향을 미치는 반면, 숨겨진 채 눈에 잘 띄지 않거나 소리 없이 천천히 전개되는 원인들은 과소평가하는 오류에 빠지기 쉽다.

**결과편향** Outcome Bias 사람들은 결과가 좋으면 과정의 좋고 나쁨은 생각하지 않고 좋은 결과로 이어질 충분한 이유가 있다고 생각하는 오류.

**과신효과** Overconfidence Effect 판단 과정에서 한 사람의 주관적인 자신감이 객관적인 사실보다 훨씬 더 크게 발휘되는 오류를 말하며 자신의 성과를 실제보다 과대하게 평가하고, 타인에 비해 우수하다고 생각하며 자신의 믿음에 대한 정확성을 과신하는 현상으로 나타난다.

**생존편향** Survivorship Bias 자신이 성공할 개연성을 일반적인 확률보다 과대하게 평가하는 경향이다.

**파킨슨의 법칙** Parkinson's Law 영국 출신 해군사학자 노스코트 파킨슨이 주장한 법칙으로 3개의 법칙이 있으나 그중 업무량 증가와 공무원의 수는 무관하다는 제1법칙이 대표적이다.

**평균으로의 회귀** Regression to the Mean 극단의 점수나 극단의 행동도 긴 흐름으로 보면 결국 평균을 향해 수렴해가는 현상.

**가용성편향** Availability Bias 개인적인 경험이나 익숙하고 쉽게 떠올릴 수 있는 사례를 토대로 특정 사건이 일어날 확률을 과장되게 평가하는 오류.

**후광효과** Halo Effect 일반적으로 어떤 사물이나 사람을 평가를 할 때 일부의 긍정적 특성에 과도하게 주목함으로써 전반에 대한 객관적인 판단을 저해하는 심리적 특성을 말한다.

**도박사의 오류** Gambler's Fallacy 서로 독립적으로 일어나는 사건이 서로 확률에 영향을 미친다는 착각에서 기인한 논리적 오류다. 도박사들이 앞에서 일어난 사건과 그 뒤에 일어날 사건이 서로 독립돼 있다는 확률 이론을 받아들이지 않기 때문에 '도박사의 오류'라 부른다. 실제로 이러한 사건이 몬테카를로의 한 카지노에서 발생했다고 '몬테카를로의 오류'라고도 부른다.

**로젠탈효과** Rosenthal Effect 교사들로부터 기대를 받고 있다는 사실만으로 아이들의 성적이 높아지는 현상.

**동기부여구축이론** Motivation Crowding Theory 어떤 행동에 대해 인센티브를 제공하는 것이 때때로 그 행동을 수행하기 위한 본질적 동기를 약화시킬 수 있다는 이론이다. 사람들은 자극적인 인센티브제도에는 즉각적으로 반응하지만, 그 제도의 진정한 의도나 배후에 대해서는 숙고하지 않기 때문이다.

**점화효과** Priming Effect 점화는 기억에 저장된 생각을 무의식적으로 활성화해 먼저 제시된 자극이 나중에 제시된 자극의 처리에 영향을 주는 현상이다. 'Priming'의 사전적 의미 가운데는 화약의 기폭제나 펌프에 넣는 '마중물'이라는 뜻도 있는데, 이를 우리의 뇌와 기억에 은유적으로 적용한 개념이다.

**관찰자효과** Observer Effect 타인이 지켜보면 본래 가지고 있던 의도나 천성과 다르게 바람직한 방향으로 행동한다. 호손공장의 근로자를 대상으로 한 생산성 증가 실험에서 파생됐다고 '호손효과'The Hawthorne effect로도 불린다.

**링겔만효과** Ringelmann Effect 집단 속에 참여하는 사람이 늘어날수록 성과가 커질 것으로 예상하지만, 오히려 성과에 대한 1인당 공헌도가 떨어지는 현상. 혼자 일할 때보다 집단 속에서 함께 일할 때 노력을 덜 기울인다는 것이다.

**사후확신편향** Hindsight Bias 어떤 일의 결과를 알고 난 후에 자신은 마치 그 일이 일어나리라는 것을 사전에 알고 있었던 것처럼 착각하는 인지적 편향.

**방관자효과** Bystander Effect 지켜보는 사람이 많을수록 어려움에 처한 사람을 돕지 않게 되는 현상. 어떠한 사건이 일어났을 때 다른 사람들이 어떻게 행동하는가를 관찰하며 그들과 같은 행동을 하거나 '누군가 하겠지' 생각하는 현상. '제노비스신드롬'Genovese syndrome 등으로 말하기도 한다.

**학습된 무기력** Learned Helplessness 1960년대 마틴 셀리그먼이 실험을 통해 명명한 현상. 스스로 통제할 수 없는 외상적 경험을 반복적으로 겪게 되면 이후 같은 경험에 대처하려는 동기가 감소해 상황을 벗어나거나 회피하려는 시도나 노력을 포기하게 되는 현상을 말한다.

# 《슬기로운 부장생활 3》에 소개된 심리법칙

**인지부조화** Cognitive Dissonance 인지부조화란 두 가지 이상의 반대되는 믿음, 생각, 가치를 동시에 지닐 때나 기존에 가지고 있던 것과 반대되는 새로운 사실을 접했을 때 개인이 받는 정신적 스트레스나 불편한 경험이나 이런 불일치를 줄이고자 태도나 신념을 바꾸는 행태다.

**통제의 환상** Illusion of Control 실제적으로는 권한이 없는 뭔가에 대해 통제하거나 영향을 미칠 수 있다고 믿거나 통제하고 있다고 믿으면서 심리적 안정감을 느끼는 현상. 객관적인 외부 환경을 자신이 통제할 수 있다고 믿는 경향이다.

**귀납법의 오류** Induction Fallacy 과거의 경험만으로 미래를 예측하는 오류.

**노력정당화효과** Effort Justification Effect 사람들은 어떤 일에 많은 에너지를 쏟아 부으면 그 결과에 대해 크게 평가하는 경향이 있다. 유사한 개념으로 '이케아효과'Ikea Effect가 있다. 기성 완제품 가구와 달리 내가 직접 조립한 가구는 그만큼 더 애정이 가고 가구의 가치가 높아지게 되는 현상을 말한다.

**이기적편향** Self-serving Bias 성공의 원인은 자신에게 돌리고, 실패의 원인은 타인이나 외부로 돌리는 경향.

**잘못된 일치 효과** False Consensus Effect 자신이 가진 신념, 의견, 선호, 가치, 습관들을 남들도 나와 동일하게 가지고 있을 것이라고 과도하게 평가하며 나와 같지 않으면 상대방이 비정상적이라고 생각하는 인지편향

**영역의존성** Domain Dependency 모든 영역에서 뛰어난 능력을 발휘하는 사람은 없다.

**자기선택적편향** Self-selection Bias 확률적으로 근거가 없음에도 불행한 일이 생기면 자신에게 그런 사건이 발생할 확률을 과도하게 높게 평가하는 경향.

**공정한 세상 가설** Just-World Hypothesis 노력은 반드시 보상받는다며 고난 속에서도 묵묵히 일하면 언젠가는 공정하게 보상받을 것이라는 세계관.

**가면증후군** Imposter Syndrome 높은 성취에도 자신의 성공이 능력이나 노력 때문이 아니라 운 때문이라고 평가절하 하는 심리현상. 이러한 증후군에 빠진 사람은 자신이 사실은 똑똑하거나 유능하거나 창의적이지 못하다고 믿으며 자신의 능력이 과대 포장돼 남들을 기만하고 있다고 생각하면서 주변사람들의 시선에 불안해한다.

**살리에리증후군** Salieri Syndrome 천재 모차르트와 노력형 궁정음악가 안토니오 살리에리의 이야기에서 유래된 용어. 자신보다 뛰어난 주변 인물 때문에 늘 질투와 시기, 열등감에 시달리는 심리현상이다.

**파노플리효과** Effect de Panoplie 프랑스 철학자 장 보드리야르Jean Baudrillard가 주장한 개념으로 소비자가 특정 상품을 구매함으로써 같은 제품을 소비하는 집단이나 계급에 소속됐다고 믿거나 특정 계층에 속한다는 사실을 타인에게 과시하는 현상을 말한다.

**희소성의 오류** Scarcity Error 인간의 욕망은 무한한 데 비해 이 욕망을 충족시킬 수 있는 재화나 용역은 유한해 항상 부족한 상태에 있다는 원리를 경제학에서는 '희소성의 원칙'Law of Scarcity이라고 하며, 이는 최소비용과 최대만족을 추구하는 경제문제를 발생시키고 이를 해결하기 위한 경제활동을 촉발시키는 원동력이 된다. '희소성의 오류'Scarcity Error는 상품이나 서비스의 자원이 고갈되거나 부족하다고 느껴지면, 오히려 소유하고자 하는 욕구나 만족도가 커지는 심리적 현상을 말한다.

**과도한 가치 폄하** Hyperbolic Discounting 미래보다 현재의 가치를 과도하게 높게 평가하는 현상을 말한다. 그 결과 사람들은 현재의 편익을 보다 높게 평가하고 미래의 즐거움을 원래보다 축소해 바라본다는 것이다. 이러한 편향의 특징은 시간이 지날수록 그 할인율이 점차 작아진다는 것. 오늘과 내일의 하루 차이는 크게 느껴지지만 1년 후의 하루 차이는 그리 크게 느껴지지 않는 심리.

**피크엔드 법칙** The Peak-End Rule 고통 또는 행복의 경험과 관련된 평가는 고통·쾌락의 총량이나 매순간의 경험의 평균이 아니라 가장 절정일 때와 마지막에 느끼는 감정의 평균으로 결정된다는 법칙. 즉, 경험의 실재와 경험의 기억 사이에 비합리적인 인지적 착각이 발생하는 현상을 말한다.

**스톡데일패러독스** Stockdale Paradox 역경에 처하게 됐을 때 낙관성을 유지하더라도 그 현실을 외면하지 않고 '정면대응' 하면 희망을 이룰 수 있는 반면, 조만간 일이 잘 풀릴 거라고 근거 없이 낙관하면 희망은 곧 무너지고 절망에 빠지기 쉽다는 '희망의 역설'을 뜻한다.

**쾌락의 쳇바퀴** Hedonic Treadmill 행복한 일이 생겨도 시간이 지나면 다시 익숙해져 또 다른 것을 욕망하게 되는 현상으로 예를 들면, 생활수준이 높아져도 행복한 감정은 오래가지 않기 때문에 행복을 유지하기 위해서는 쳇바퀴를 돌리듯 더 많은 것을 가져야 한다는 역설을 의미한다. 소득 수준이 높은 국가들이 오히려 삶의 만족도와 행복감이 낮은 이유를 알려준다.

**초점의 오류** Focusing Illusion 사람들은 인생의 한 면에 집중할수록 그것이 우리 인생에 미치는 효과를 과대하게 평가하게 된다. 어느 한 측면에만 초점을 맞춤으로써 다른 많은 측면을 간과하게 되는 것이다. 이렇게 어느 한 면에 집중한 나머지 초점 이외의 다른 부분의 영향을 무시하는 현상을 '초점의 오류' 또는 '초점착각'Focusing Illusion라고 한다.

**폴리안나효과** Pollyanna Effect 어떤 상황에서도 긍정성을 잃지 않는 태도. 어떠한 불행한 상황에서도 그것에서 행복의 이유를 찾을 수 있다는 역설.

**소유효과** Endowment Effect 자기가 소유한 물건에 더 큰 가치를 부여한다.

**선택의 역설** Paradox of Choice 사람들에게 너무 많은 선택권이 주어질 경우 판단력이 흔들려 올바른 결정을 내리기가 힘들어지고, 소수의 선택권을 가졌을 때보다 안 좋은 선택을 하거나 심지어 결정 자체를 포기하는 현상. 선택할 수 있는 경우의 수가 너무 많으면 소비자는 모든 선택에 책임을 져야 한다는 부담과 잘못된 선택에 대한 두려움이 증폭되며 포기한 선택지에 대한 미련도 커지므로 스스로의 선택에 대한 만족도가 떨어지게 되기 때문이다.

**손실회피성향** Loss Aversion 우리는 얻는 것의 가치보다 잃어버린 것의 가치를 더 크게 평가한다. 1만 원을 잃었을 때의 고통의 크기는 1만 원을 얻었을 때의 기쁨보다 2배 이상 크다.

**기저율의 무시** Neglect of Base Rate 어떤 인물 또는 사건에 대한 상세한 설명이나 묘사가 오히려 통계적 진실을 왜곡시키는 현상.

# 참고문헌

《생각에 관한 생각》대니얼 카너먼 지음, 이진원 옮김, 김영사

《당신의 고정관념을 깨뜨릴 심리실험 45가지》더글라스 무크 지음, 진성록 옮김, 부글북스

《내 마음을 읽는 28가지 심리실험》로버트 에이벌슨 외 지음, 김은영 옮김, ㈜더난 콘텐츠그룹

《스마트한 선택들》롤프 도벨리 지음, 두행숙 옮김, 걷는나무

《스마트한 생각들》롤프 도벨리 지음, 두행숙 옮김, 걷는나무

《블랙 스완》나심 니콜라스 탈레브 지음, 차익종·김현구 옮김, 동녘 사이언스

《판단과 선택》유호상 지음, 클라우드 나인

《감정독재》강준만 지음, 인물과 사상사

《착각의 심리학》데이비드 맥레이니 지음, 박인균 옮김, 추수밭

《세상에서 가장 재미있는 63가지 심리실험》이케가야 유지 지음, 서수지 옮김, 사람과 나무사이

《스키너의 심리상자 열기》로렌 슬레이터 지음, 조증열 옮김, 에코의 서재

《그들도 모르는 그들의 생각을 읽어라》로저 둘리 지음, 황선영 옮김, 윌컴퍼니

《너 이런 심리법칙 알아?》이동귀 지음, 21세기북스

《똑똑한 사람들의 멍청한 선택》리처드 탈러 지음, 박세연 옮김, 리더스북

《누가 내 생각을 움직이는가?》노리나 허츠 지음, 이은경 옮김, 비즈니스북스

《당신이 지갑을 열기 전에 알아야 할 것들》엘리자베스 던·마이클 노튼 지음, 방영호 옮김, 알키

《브랜드, 행동경제학을 만나다》곽준식 지음, 도서출판 갈매나무

《행동경제학 강의》홍훈, 서해문집

《만들어진 생각, 만들어진 행동》애덤 알터 지음, 최호영 옮김, 알키

《무의식 마케팅》정성희 지음, 시니어 커뮤니케이션

《부의 감각》댄 애리얼리, 제프 크라이슬러 지음, 이경식 옮김, 청림출판

《내 마음속 1인치를 찾는 심리실험 150》세르주 시코티 지음, 윤미연 옮김, 궁리

《상식 밖의 경제학》댄 애리얼리 지음, 장석훈 옮김, 청림출판

《선택의 심리학》배리 스워츠 지음, 형선호 옮김, 웅진지식하우스

《의사결정의 심리학》하영원 지음, 21세기북스

《어쩌다 한국인》허태균 지음, 중앙북스

《가끔은 제정신》허태균 지음, 샘앤파커스

《판단하지 않는 힘》대니얼 스탤터 지음, 정지인 옮김, 동녘

《사회심리학》로버트 치알디니·더글러스 켄릭·스티븐 뉴버그 지음, 김아영 옮김, 웅진 지식하우스

《사람일까, 상황일까?》리처드 니스벳·리 로스 지음, 김호 옮김, 심심

《설득의 심리학》1·2·3권 로버트 치알디니·스티브 마틴·노아 골스타인 지음
　　　　　　　　윤미나·이현우·김은령·김호 옮김, 21세기북스

《인지편향사전》이남석 지음, 옥당

《심리학을 만나 행복해졌다》장원청 지음, 김혜림 옮김, 미디어숲

《어떻게 팔지 담답할 때 읽는 마케팅책》25 behavioral biases that influence what we buy
리처드 쇼튼 지음, 이진원 옮김, 비즈니스북스

《쇼핑의 과학》파코 언더할 지음, 신현승 옮김, 세종서적

《더 나은 직장생활을 위한 심리실험 100》리오넬 다고 지음, 윤미연 옮김, 궁리